3万人を教えてわかった
頭のいい子は「習慣」で育つ

ena学院長 河端真一
Shinichi Kawabata

ダイヤモンド社

はじめに

どんな子でも習慣や環境で勉強のできる子に変わる

私は大学1年生のときに、東京・国立で貸会議室の1室を借りて、学習塾を始めました。1972年9月のことです。当初5人しかいなかった生徒は、私が大学を卒業する頃には1500人にまで増えていました。

その後も試行錯誤しながら質の高い受験教育を追い求め、中学・高校・大学入試の進学塾事業を拡大。2018年には「都立中高一貫校受験の合格者占有率52％（業界1位）」、「都立高校合格者数1位」という実績を残すことができました。

そして大変幸せなことに、私は46年間、塾教師として、生徒を見続けることができました。その過程のなかで学んだことはたくさんあります。

一つ確実に言えることは、**「どんな子でも、『習慣』や『環境』によって、勉強ができる子や頭のいい子に変われる」**ということです。

そもそも私が学習塾を始めた理由は、教育的情熱や使命感に燃えていたから、などという大それたものではありません。

高度成長期で建設ラッシュの頃、私の父は、設計士として昼夜を問わずほとんど休みも取らずに働いていました。高校生だった私はその姿を見て、すごいとは思いましたが、父と同じような働き方をしたいとは思いませんでした。

何でもいいから自分でビジネスを立ち上げて、お山の大将になりたいと考えたのです。実際に大学生になり、何ができるのかと考えたときに、自分の持っているものは受験勉強のスキルだけでした。

このスキルを活用できるのは、家庭教師か塾だ。家庭教師では教えられる生徒数は限られているから、塾をやろう。そんな単純な考えで塾を立ち上げました。

そして、塾を始めてから3か月が経った12月頃のこと。授業の合間に生徒5人とストーブを囲み、彼らの悩みを聞いてアドバイスを送っていたときに、私はこう思いました。

「これが自分にとって天職だ。一生、この仕事を続けていきたい」

彼らとの心の交流を感じて、塾とは人間的な営みの場であり、一生懸けてやるべき職業なのだと気づかされたからです。

46年間にわたって、受験教育に汗水流してきたなかで、密かに誇りに思っていることがあります。

それは、**「教育だけをしてきた」**ということです。

教育以外の副業にも取り組む同業者が多いなかで、一貫して教育事業だけに全力を注いできました。

本書は特に小中学生の子を持つ保護者に向けて、次のようなことをお伝えしています。

第1章では、最低限知っておいてほしい「学習・受験の基本」を解説しています。

第2章では、勉強に取り組む際に参考となる「勉強法と心構え」について記述しています。

第3章では、子どもが勉強に没頭するための「環境を整える」方法を解説します。

第4章では、「保護者の役割」はどうあるべきかを考察します。

第5章では、勉強から少し離れて、「人の成長に必要なもの」として私なりの考えを述べます。

第6章では、受験勉強においても社会に出るうえでも欠かせない「時間を支配する」方法を取り上げます。

最初にお断りしておきますが、本書は最先端の受験テクニックや、奇をてらったアイデアを載せてみなさんの気を引こうとするものではありません。

子どもの学力を伸ばすための、基本中の基本である勉強法や心構えを、自分の経験に基づき、信念に沿ってまとめたものです。

基本中の基本を忠実に徹底することこそが、現代の子どもに欠けているものであり、大切なものだと考えています。

本書の内容を実践していただくことを通して、子どもの成長に少しでも役立つことができれば幸いです。

3万人を教えてわかった

頭のいい子は「習慣」で育つ

目次

第1章

学習・受験の基本

第2章

勉強法と心構え

第3章

環境を整える

第4章

保護者の役割

第5章

人の成長に必要なもの

第6章

時間を支配する

第1章

学習・受験の基本

1 算数・数学を嫌いにさせない方法

「うちの子は算数が嫌いで……」と悩んでいるお母さんは多いようです。

ほとんどの子は、算数が大好きです。ただし、低学年まで。小学3年生で始まる分数が理解できずに、算数が嫌いになってしまう子どもが多いのです。

いったん算数に苦手意識を持ってしまうと、それを乗り越えるのは簡単ではありません。算数が嫌いなまま中学生になれば、数学も理解できない子になってしまいます。

では、どうすれば、子どもを算数嫌いにさせないことができるのでしょうか。

効果的な方法として、**「先取り学習」**があります。

公文式のような塾に通うのでも、家庭でプリント学習をするのでもかまいません。まずは、**無理なくできるレベルの簡単な算数の問題を数多くこなします。**

そして、徐々にレベルをアップさせ、**学校のカリキュラムよりも少し先の内容を勉強します。**

学校の授業では、先取り学習で学んだことを復習するかたちになるので、内容がよくわかり、テストでもいい点が取れます。

「他の子よりも計算が速くできた」「テストでいい点が取れた」という体験は、子どもにとって大きな自信となります。

成績がいいことで先生や保護者に褒められれば、さらに自信を深めることができます。

この、自信を持つということがとても大事です。

少しでも「自分は算数が得意だ」と思うことができれば、算数の勉強を嫌いになることはないのです。

そうなれば、学年が上がって内容が難しくなったとしても、算数に苦手意識を持つことにはなりません。継続的にやる気を持って勉強に取り組むことができます。

子どもに自信を付けさせるために保護者がするべきことは、「褒めてあげること」です。

それも、ただ褒めるのではなく、

「3年生なのにもう分数ができるなんて、すごいね」

「前よりも速く問題を解けるようになったね」

というように具体的に褒めます。

具体的に褒めるためには、子どもの学習状況をきちんと見る必要があります。見てもいないのに、「すごいね」などと適当に褒めても、子どもはお世辞を言われていることをわかってしまうものです。

まだ、勉強に取り組む習慣がない子には、ご褒美をあげてやる気を出させるのもいいでしょう。「物で釣るなんて品がない」という意見もありますが、私はそうは思いません。小学生のうちに算数を好きにさせて、まずは自信を持たせることが大事なのですから。

算数・数学は、大学入試においてもとても大切です。東京大学の入試（二次試験）では、数学・外国語・国語・理科（文系は理科の代わりに地理歴史）の4教科の試験を行い、440点満点のうち半分の220点あたりが合格ラインとなっています。

数学の配点は、理系が120点（年によって変わりますが基本6問）、文系が80点です。仮に数学で1問分、20点間違えたら、残りの教科で20点加点するのは難しいでしょう。他の教科は差がつきにくいのです。

また数学は、部分点になることが多い教科です。したがって数学が得意な子は、確実に点を取ることができます。数学が得意ということは、入試において大きなアドバンテージとなります。

タレントの菊川怜さんは東大出身ですよね。クイズ番組で彼女を見ますが、あまり正解率は高くないようです。それでも東大に現役で合格できたのは、数学の成績が桜蔭高校で伝説になるほど抜群によかったからです。

東大に限らず、他の国立大学や難関公立高校の入試においても数学は決定的です。算数・数学の得意な子は、入試のフリーパスを持っているようなものなのです。

ところで、「算数・数学は社会で役立たない。だからやりたくない」という子もいますよね。

まったくもってその通りです。算数・数学そのものを社会に出て使う機会はほとんどありません。

しかし、大学受験をするつもりなら、算数・数学は必須です。

また、物理や化学など理系科目を学ぶ際の基礎学力としても数学は欠かせません。

お子さんには、「将来、難関大学に行きたいなら算数をやるしかない」と説明してあげてください。

大学入試では、2時間や2時間半といった制限時間のなかで、非常に難解な問題を解くことになります。公式を暗記していれば解けるようなものではありません。過去の知識を総動員して、短時間に集中して深く思考しなければ、正解を導き出すことはできません。

算数・数学の勉強は、深く思考する力を養うためのものでもあるのです。

それは大学入試のときだけでなく、大学入学後も、あるいは社会に出てからも必ず役に立つはずです。

POINT

算数と数学の成績は、「先取り」と「褒める」でグングン伸びる。

2 勉強は、計算・漢字・英単語で決まる

すべての物事は基礎が大切です。勉強の基礎は、「計算」と「漢字」、そして中学生からはこれに「英単語」も加わります。

算数はどんな問題でも、基礎である計算ができなければ解くことはできませんし、数学へとステップアップすることもできません。理科など他の科目においても、高校からは計算は必須です。

漢字も同様に、読めなかったり意味を知らなかったりすれば、文章を理解することはできません。漢字を読み書きする能力は、あらゆる科目において欠かせない力といえます。

英単語もそうです。1ページにわからない単語が3、4個あれば、全体として意味がさっぱりわからなくなります。逆に長文に含まれる単語の意味がわかれば、文法を理解していなくても、だいたいの内容を読み取れます。

「学問に王道なし」といいますが、**「計算・漢字・英単語」という基礎を身につけることが、じつは学力アップの一番の近道**なのです。それなのに、学校でも塾でも、そのようなことは教えていません。

なぜか？　子どもにとって面白くないからです。

英単語の暗記なんて、砂を噛むように味気なく地味な勉強です。それよりも長文読解や新傾向問題、過去問のほうが、何となく面白そうに思えて、そちらを先にやってしまう子どもが多い。より簡単に見えるほう、より興味・関心が続くほうに流されてしまっているわけです。

しかし、家も基礎がしっかりしていなければ、地震が来るたびにグラグラと揺れてしまい、落ち着いて住むことができませんよね。勉強も同じです。

まずは、基礎を身につけなければ、どんなに一生懸命、応用問題をこなしても無駄になってしまいます。

では、計算・漢字・英単語といった基礎を身につけるにはどうすればいいでしょうか。

それは、繰り返し、地道に覚えていくしかありません。

計算の場合は、正確さだけでなくスピードも求められます。問題を解く時間をストップウォッチで計るなどして、**「スピード」**を意識させてください。

漢字なら、どんなものでもいいのでドリルを使って少しずつ覚えていきます。

ただし、ひたすら詰め込むだけでは不十分です。そこでぜひやっていただきたいのが、**「小テスト」**です。

あらかじめ範囲を決めて子どもに勉強させて、その範囲の小テストを実施するのです。小テストをやることで、記憶が正確か確認できます。

英単語も、単語帳を使って地道に覚えるのが王道です。

私が高校生に教えるときは、『英単語ターゲット１９００』（旺文社）を使います。この単語帳には、基本・重要単語が合わせて１５００、難単語が４００載っています。これを**「暗記」**させます。

基本・重要の１５００語を覚えていなければ、最難関大学には合格できないといっていいでしょう。

1500語というと難しく思えますが、1週間で50語覚えれば、30週間でマスターできます。1週間100語なら15週間です。もちろん最初のほうに覚えた単語は忘れることもあるので、繰り返しやることが大事です。

英単語を覚えるときも小テストをやりましょう。範囲を決めて反復的に小テストを行うことで、勉強した内容の定着が図れます。

なお、英単語は書けることよりも、まず**単語の意味を一つ暗記すること**、そして**数を稼ぐこと**を優先してください。

いずれにしても地味な勉強ですが、「できた」という実感が得られれば、子どもは楽しんで取り組んでくれます。

注意したいのは、勉強を楽しく感じ始めた初期の段階で、重箱の隅をつつくようなまねをして子どものやる気を削がないことです。

漢字なら、最初の段階では「とめ、はね、はらい」を細かくチェックしなくてもかまいません。おおむね正しく書けていれば「マル」としてください。

算数の計算問題なら、問題用紙の余白で行う計算を、きれいに書く子もいれば、汚く書く子もいます。どちらでも採点には関係ありませんが、きれいに書いたほうがケアレスミスは少なくなります。

最初から「計算式もきれいに書け」では、子どもは面倒くさく感じてしまうかもしれません。しかし、きちんと書かせるようにしてください。そして自己採点して、「ここで間違った」と気づくことが必要です。

計算・漢字・英単語という基礎の勉強については、数を稼がせて「終わった」という達成感を味わわせることが重要です。しかしすぐ忘れるので、繰り返し行ってください。テスト前によく間違えるものを確認するだけで、10点アップは確実です。

POINT

「計算×スピード」「漢字×小テスト」「英単語×暗記」が学力アップにつながる一番の近道。

3 学力が高いから、点数が高いわけではない

勉強が「わかった」ということと、受験において「点数が取れる」ことは違います。

「学力」＝「得点力」ではないのです。

難関高校の生徒にこんなことがよく起こります。難関高校には、その地域でも上位の中学校で、オール5を取っていたような子ばかりが入学してきます。

中学校でオール5を取っていたような子なので、難関高校の授業にも無理なくついていけます。本人も「わかっている」という認識があり、中間・期末テストでもいい点を取れて、優秀な成績を収めることができます。

ところが高校3年生になって全国模試を受けてみると、合格可能性判定は「E判定」。これでは狙っていた難関国立大学どころか、上位グループの私立大学にも受からない。気づいたときにはもう手遅れということに……。

本人は、勉強した内容を100％「わかった」と思っていました。しかし、「わかった」だけでは不十分で、実際の入試となると、自分が思っていた6割や7割しか得点できないことも多いのです。

たとえば、国語の問題で、「たいしょう」という漢字を書く問題があったとします。候補は、対称・対照・対象などいくつもあります。

3つの漢字が書けたからといって、テストで問題が出たときに正しい解答ができるとは限りません。前後の文脈を把握して、どの漢字が適当かを判断する必要があるからです。

子どもの思う「わかった」というのは、対称・対照・対象などの漢字を書けるようになった段階であり、それを使って点数が取れる段階はもう少し先にあるということです。

英語でも同じようなことは起こります。

たとえば、学校の授業で「今日は関係代名詞について勉強します」と言われ、これを習います。

少し勉強のできる子は、そのときに「わかった」と思います。そして、中間・期末テストなどではいい点数を取れます。しかし、入試のときに関係代名詞の問題が出ても、得点できなかったりします。

入試の問題では、それが関係代名詞なのか疑問代名詞なのか接続詞なのか、非常にわかりづらいかたちで英文に紛れ込んでいるからです。

入試では、これまで勉強したことがぐちゃぐちゃに混ざり合ったかたちで問題が出されます。そのなかから答えを導き出すには、特定の単元を理解しただけでは不十分で、総合力が求められるのです。

野球でたとえれば、わかりやすいかもしれません。毎日素振りを行い、誰が見ても理想的なフォームのバットスイングを身につけたからといって、実際の試合でヒットを打てるとは限りません。

ピッチャーの投げる球にタイミングが合わず、前のめり、あるいは振り遅れになってあえなく三振してしまうことも多いのではないでしょうか。

一つひとつの単元は理解していても得点力がないというのは、そういう状態のことを指しています。

「わかった」という段階から、「点数が取れる」段階へステップアップするには、こうすればいいのです。

たとえば、受験学年では、4、5、6月までには徹底的に基礎を身につけることです。そのうえで、総合力を鍛えるために7、8月の夏期講習の時期にシャワーを浴びるがごとく過去問に取り込みます。

過去問をたくさん解くことで、頭のなかで「わかった」と思っていた単元同士が結びつき、総合力がアップし、9月、10月頃になってようやく得点力が向上してくるのです。

また、実際の入試では、限られた時間のなかで、焦りや緊張と戦いながら答案用紙を埋めていく必要があります。急いで書いてケアレスミスがあっては不合格に直結します。そういった精神的なものも含めて得点力を高めていくことが大切です。

子どもが「わかった」と言っても、そこは8合目。9合目や頂上に行くためには、もう一踏ん張りする必要がある、ということです。

POINT

子どもの「わかった」という段階から、「点数が取れる」段階へ進むために総合力を鍛える。

4 片手間でやらせずに一点集中を心がける

「食事をとりながら単語帳を広げる」「自宅のソファでくつろぎながら参考書をパラパラめくる」など、片手間に勉強する子がいます。

一見、すき間時間を使って効率的に勉強しているように見えますが、私はそのような勉強方法にはあまり賛同できません。

勉強というのは単語の暗記であってもきちんと机に向かって、1時間なら1時間という**まとまった時間のなかで集中して取り組むことが大切**です。

大前提として、勉強は「するか」「しないか」の二択しかありません。

するとなったら、懸命に、一心不乱にやるからこそ効果が上がります。何かをしながらの勉強や、細切れの勉強では、本人は勉強した気になるかもしれませんが、身につくものは多くありません。

では、「机に向かって集中して勉強させるにはどうすればいいか」という話になりますが、これが一番難しい。

特に小学生ぐらいの子どもは、外で元気に走りまわっているのが普通で、机に向かって勉強するのが好きな子はほとんどいません。それを「勉強するときはきちんとイスに座って前を向いてやってね」と保護者が言って、子どもがその通りにしてくれる関係性ができているのかどうかが重要です。

できていれば問題はありませんが、できていないのであれば、塾や家庭教師などの勉強させる仕組みを利用することも一つの手段です。

塾に通わせる（あるいは家庭教師を利用する）と問答無用で決めて、勉強に取り組む環境をつくってしまえば、子どもは案外すんなりと受け入れてくれるかもしれません。また、塾の先生や家庭教師は、子どもをその気にさせるノウハウを持っていますから、積極的に相談してみるといいでしょう。

もう一つ、保護者に気をつけていただきたいのは、**子どもが集中していたら、なるべくそれを邪魔しない**ということです。

東大のなかでも最難関といわれる「理Ⅲ」を目指すクラスを教えていたことがありますが、合格する子に共通する特徴は、異常なまでに集中力があることでした。

彼らからは、「夜に勉強を始めたら集中しすぎて朝方までやってしまい、寝過ごして試験に遅刻した」「本を読んでいたら面白くて、布団のなかに電気スタンドを持ち込み親に隠れて読み続けた」といったエピソードをいくつも聞きました。

勉強のできる子というのは、普通の人から見たら少し心配になるほどに、集中し始めたらとことん熱中してしまう傾向にあります。

しかし、世のお母さんたちはその集中力を邪魔してしまいがちです。

子どもがせっかく勉強や読書に取り組んでいるところに、「ご飯できたから冷めないうちに早く食べなさい」「お風呂に入っちゃって！」などと言って水を差します。これでは集中力は途切れます。

どんな子も、小さい頃にはいろいろなことに熱中します。誰にでも「ルービックキューブを3時間もやっていた」とか「朝から晩まで庭で蟻を観察していた」というエピソードがあるのではないでしょうか。

そんなときに**邪魔をせず、温かく見守ってあげることによって、勉強に通ずる集中力が養われる**ということを忘れないでください。

一点集中という意味では、**習い事をいくつも掛け持ちすることも、あまりよくない**と私は思います。

サッカー、水泳、ピアノ……と習い事をたくさんやらせる保護者はいます。子どもにどんな才能があるのかはわからないので、積極的にやらせるのはいいことだとは思います。実際、小さいうちから習わせれば、どの習い事もある程度は上達するでしょう。

しかし、手当たり次第に手を広げれば、英語でいう〝Jack of all trades, and masters of none.〟つまり「多芸は無芸」になってしまうおそれがあります。

習い事をさせるのであれば、**子どもが本当にやりたいと思う一つのことに絞ったほうが上達するし、そこで得た集中力が勉強にも生かされる**ことになるのです。

POINT

集中力を磨くには、ご飯やお風呂の準備ができても、勉強や読書に取り組んでいるときは邪魔しない。

5 聞く・話す英語は不必要

「読む・書く・聞く・話す」――英語を扱う4つの技能のうち、どれを重視するべきか。

この論争は昔からありますが、昨今では「聞く・話す」が重視される風潮があります。グローバル化が進み、外国人と接する機会が増えるにつれて、日本人の苦手とする「聞く・話す」がクローズアップされるようになったのでしょう。

そのため、自分の子どもを幼少のうちから英会話スクールなどに通わせて、「聞く・話す」力を身につけさせようとしているお母さんも多くいます。学校教育においても、2020年に小学校で英語の教科化が本格的に始まります。

しかし私は、**英語に関する早期教育は必要ない**と考えています。

そもそもなぜ私たち日本人は、小中学生の頃から英語を勉強するのでしょうか。海外で、英語圏の人と会話をして仲良くなるためではありません。

大学で高等教育を受ける準備のためです。そして、その大学入試でも、英語を「読む・書く」力が問われます。だからこそ、**まずは「読む・書く」に力を入れることが大切**です。

昨今重視されている「聞く・話す」力は、必要に迫られればいつでも身につけることができます。

相撲力士がいい例です。外国人力士は、みんな日本語が上手ですよね。彼らは日本語をまるで知らずに来日し、相撲部屋で1年も過ごすうちに日本語を流暢に話せるようになります。上達が早いのは、必要に迫られているからです。

日本人が中学・高校と6年間も英語を勉強しているのになかなか話せるようにならないのは、必要に迫られていないから。英語を話せなくても、日常生活で困らないからです。

日本人だって必要に迫られれば英語を話せるようになります。

たとえば、日本の会社に勤めていて、英語が得意でもないのに海外に転勤させられた人が、現地でしばらく暮らしているうちに英語が上手になった、という話はよくあります。

「読む・書く」に関しては、一朝一夕で身につくものではありません。相撲取りでも漢字を読み書きできる人は少ないでしょう。

中世ヨーロッパでは、庶民の識字率が非常に低かったといいます。しかしあるとき、急に読み書きができる人が増えたそうです。なぜかというと、文法が広まったからです。

英文学者・渡部昇一先生の著書『秘術としての文法』（大修館書店）にこんな一文があります。

「grammarは『文法』の意味であるが、中世においてはこれがgramaryeあるいはgramaryとなって『魔法』を意味するようになった。『文法』という怪しげなものを学ぶと、何かウジャウジャ書きつらねてある書物というものが読めるということは中世の文盲の人たちには不思議で仕方がなかったのである」

中世においても、「読む・書く」は一部の人しか持っていない特殊なスキルで、そのベースとなる文法はまるで魔法のようなものと考えられていたわけです。

幸いにして日本の中学校以上の授業では、この魔法のような文法を含む「読む・書く」

技能を学ぶことができます。

将来、海外留学をするとしても、大学に入学してから「聞く・話す」力を鍛えても十分に間に合います。実際に私の娘は高校生まで日本で勉強し、大学に入ってからアメリカに留学して、外資系企業に就職し、毎日英語を使っています。

「これからのグローバル社会において英語は必須だから、子どもにも早くから習わせたい」と心配する人もいます。その考えは否定しませんが、幼少期から英語教育に力を入れすぎることで、弊害もあります。

たとえば、子どもをバイリンガル幼稚園に入れたり、あるいは海外駐在時に現地校に通わせたりすると、どうなるか。

英語は上手になりますが、逆に日本語が不自由になります。もし将来、日本に戻ってきて日本の大学を受験するなら、これが大きなハンディキャップとなります。第5章の「生きるために必要な力は、考える力と読む力である」で、その例を紹介します。

また、小さい頃から英語圏で過ごした子どもは、会話も文化も英語圏に染まるので、アイデンティティも日本人ではなくなります。大人になったら当然、日本ではなく海外で暮らすことを選びます。

そうなれば、親子は日本と海外で離ればなれ。子どもは外国人と結婚し、孫の顔もめったに見られない……。英語の早期教育に力を入れすぎると、将来そういう事態になるということも予測しておく必要があります。

POINT

英語は「話す・聞く」より「読む・書く」に力を入れたほうが圧倒的にいい。

6 算数・数学は暗記科目

算数・数学は「考える科目」で、歴史や英語のような「暗記科目」とは違うという人もいますが、私はそうは思いません。

算数・数学も暗記科目です。

大学や大学院で数学を専門的に学び、これまでにない新たな定理の発見を目指すというのであれば、確かに数学は「考える科目」ということになるでしょう。しかし、そのような分野を目指す人はごく一部です。

ほとんどの人は、大学に入って自分の希望する勉強をするために、その基礎として高校で数学を学びます。また、高校の数学を学ぶための基礎として中学の数学があり、そのまた基礎として小学校の算数があります。

いずれにしても、**ほとんどの人が勉強する算数・数学は基礎**です。

新しいことを発見しようというのではなく、基礎を勉強しようというのですから、あれこれと思考を巡らす必要はありません。先人が発見し、後世に受け継がれた業績である公式や解法を活用すればいいだけです。

受験に限らず学校のテストで出るものも、公式・解法を知らなければ解くことができない問題ばかりです。だからこそ、**算数でも数学でも、まず公式や解法をきちんと暗記する必要があります。**

なかには将来の役に立たないような、あまり意味のない解法もあります。

たとえば、中学受験の算数で習う「植木算」「つるかめ算」「旅人算」などです。

ああいった計算方法を習得しても、実社会に出て使うことはめったにありませんし、また中学校以降で習う数学ともつながっていません。

しかし、中学受験ではそれらの問題は必ず出ます。受験では、ふるいにかけて合格者を選抜しなければならないので、無意味と思われる問題もたくさん出るのです。

本来ならば、社会に出てから役立つ知識につながっていくものとして学校の勉強があり、入学試験があるべきなのですが、残念ながら現在はそうなっていません。

それを嘆いたところで状況は変わりませんから、ひとまずは希望する学校に入るために欠かせないものと割り切って、公式や解法を懸命に暗記するしかありません。

ところで世間では、「考える力を磨く」とか、「思考力を養う」などといって、考えることが尊く、暗記は悪者のように扱われる風潮がありますが、それも間違った考え方だといえるでしょう。

算数・数学に限らず、社会、理科、英語、国語も、小学校から高校までの勉強において、ベースとなっているのは、じつは**「暗記力」**です。

たとえば、国語のテストで、「作者の心情を100文字以内でまとめなさい」などという文章読解の問題が出ますが、そこでは問題文のなかから該当する箇所を抜き書きして要約することが求められています。その意図に反して、一から考えてオリジナリティある文章を書いても0点になってしまいます。

一見「考える科目」のように思える国語でも、公式に則った答え方が求められているということです。そうでなければ、テストの採点にも非常に時間がかかってしまいます。

基礎的な勉強とは、自分が知っている知識・技術をどのように使って目の前の問題を解

決するかを問われるものがほとんどです。したがって、覚えているか覚えていないかで、大きく差が出てしまいます。だから、**覚えるしかない**のです。

子どもにどんな教育を受けさせるかは、最終的にはそれぞれの家庭の問題です。保護者が子どもに何を学ばせたいか、子ども自身がどう育っていきたいかは、自分たちで判断して決めるしかありません。

将来、子どもに世界に羽ばたく人材に育ってもらいたいのであれば、競争に勝てる「生きる力」を身につけさせてあげる必要があります。

「生きる力」とは、基礎的な学力です。

そのためのメルクマールとして大学入試があります。そして、大学入試にチャレンジするためには、**小学生の段階から暗記力を鍛えておくことが大切**になります。

POINT

算数でも数学でも、公式や解法をきちんと暗記し、小学生の段階から暗記力を鍛えておくこと。

7 作文は「いりたまご」で完璧！

今、世界の高等教育において最も重視されている能力は何かご存じでしょうか。

それは、**「エッセイ（論文）」を書く能力**です。

海外の大学入試では、エッセイを書けなければ合格することはできません。入学後の授業でも、課題の多くはエッセイ形式で出されます。**作文力がなければ、いい成績を取ることはできない**のです。

日本においても、作文の重要性は認められつつあります。たとえば、中学受験でも、公立中高一貫校や一部の私立中学の入試においては作文が課されます。

また、社会に出てからは自分自身をいかにしてアピールするかという能力が求められますが、そのベースとしても作文のスキルは重要です。

将来、我が子を世界で活躍できる人材に育てたいというのであれば、なおさら作文力を鍛えておく必要があります。

ところが、日本の小中高校では、授業で作文を習うことはあまりありません。教える先生がその技術を持っていませんし、作文のテストを出すと採点が大変だからです。したがって、ほとんどのお子さんは作文が苦手です。

でも、**作文はとても簡単**なのです。

文章の型を知って、その型に当てはめていくだけで、誰でもスピーディーにまとまった文を書くことができます。その型の一つが、私の塾で開発した**「いりたまご」**です。

- **い（意見）………与えられたテーマに対して自分がどう思ったかを提示する。**
- **り（理由）………そう思った理由を説明する。**
- **た（たとえ）……意見や理由に対する具体例を挙げる。**
- **ま（まとめ）……ポイントをまとめる。**
- **ご（誤字訂正）…誤字脱字、汚い文字を見直す。**

この順番に書いていくだけです。

たとえば、「ある二つの国の首脳が数十年ぶりに会談することになった」というニュースがあり、これについて意見を述べよという作文問題があったとします。これを「いりたまご」に当てはめると、

- い（意見）……両国の首脳が直接会って話をするのは、とてもいいことだと思った。
- り（理由）……なぜなら、話し合いを通じて戦争状態が解消する可能性があるからだ。それによって世界にもいい影響がある。
- た（たとえ）…たとえばアラブ諸国などで起きている国際紛争も、トップ同士が話し合うことで、解決に向かうかもしれない。今回の会談はその糸口となる。
- ま（まとめ）…積極的な話し合いを通じて、人類の歴史がいい方向に向かうことを期待してやまない。

といった具合になります。少々流れが強引なところはありますが、小学生の作文ならばこれでも十分です。

この型を覚えていれば、どんな子でもすぐに作文を書き始めることができます。

私の塾では、子どもに年間200本くらい作文を書かせます。彼らは「いりたまご」を活用し、問題が配られたらすぐに書き始めています。

型を知って、そして練習を重ねることで、頭で考えなくても自動的に文章が書ける力を身につけているのです。

この「いりたまご」は、入試の作文だけではなく、学校の授業での作文や夏休みの宿題の読書感想文でも通用します。

読書感想文の書き方というと、「まず本の要旨を書いて、自分の感想を書いて……」というのが主流ですが、読む側の先生にしてみればあまり面白くありません。それよりも、最初にバーンと意見が書いてあるほうが引き込まれます。

「いりたまご」は、採点者ウケのよい作文を書く方法ともいえます。

なお、「いりたまご」はあくまでも、簡単に作文を書ける型の一つと考えてください。レベルが上がれば、他にもいろいろな型を活用できるようになります。

2020年の大学入試改革を受けて、中学や高校でも作文を書く機会は増えていくと思われます。そのときに、迷わずすぐに書けるというのは大きな武器となります。作文を得点源にできれば、受験にも自信を持って臨むことができます。ぜひお子さんに「いりたまご」を教えてあげてください。

POINT

作文は「意見→理由→たとえ→まとめ→誤字訂正」の順で、大人顔負けの文章になる。

第2章

勉強法と心構え

8 要領だけをよくしてはいけない

今の子どもは、豊かな時代に育っています。しかも子どもの数が少ないので、とても大事に扱われ、保護者や祖父母からもいろいろなものを買ってもらえます。

たとえば、参考書。子どもたちは参考書や問題集の類いをたくさん持っています。勉強に関するものならいいだろうと、保護者がお金を惜しまず買い与えているからです。

ものに恵まれていることは一見、喜ばしいことのように思えますが、そのような環境に育つことで失われてしまうものはたくさんあります。

「韋編三絶」という言葉をご存じでしょうか。

1冊の本をボロボロになるまで熱心に読むことのたとえです。

孔子という人が、竹でできた書物を繰り返し読み、綴じていた紐が何度も切れてしまったという中国の故事に由来しています。

私は、現代の子どもにも、**韋編三絶するほどに参考書やテキストを読み込む体験をさせてあげるべき**だと考えます。

全ページを暗記するほど繰り返し読んだ参考書は、本当にボロボロになります。ページを開けばアンダーラインや書き込みがたくさんあって、決してきれいな状態ではありません。

でもそれは、自分が一生懸命勉強したことの証しです。

そのように読み込んだ参考書には愛着が湧き、ずっと取っておきたい宝物となります。将来読み返したときには、自分が懸命に勉強したことを懐かしく思い出すことでしょう。

今の子は、そのような経験をすることがあまりありません。参考書ならいくらでも買ってもらえるので、1冊を使い終わる前に新しい参考書に手を出してしまいます。

同じ項目であっても参考書によって説明の仕方は異なりますから、自分にとってわかりやすいほうを「いいとこ取り」すれば要領よく知識が身につくという考え方もあるかもしれません。

しかし、「1冊の参考書すら読み込めない」ということは、消化不良の状態で放棄するということになります。

次々と新しい参考書に乗り換えれば、どの参考書も中途半端にしか理解できないまま終わってしまいます。

それよりも、これと決めた1冊の参考書を徹底的にやる。「全ページ暗記した」「この参考書に書いてあることがテストに出たら絶対に答えられる」と言い切れるくらいまで読み込む。そうすることで、参考書の内容を頭に叩き込むことができ、テストでも得点につながるのです。

実際のところ市販の参考書はどれも、受験に出る範囲に絞って書かれています。どれを選んだとしても、1冊の参考書を丸ごとやり遂げれば、受験対策としては十分です。あれこれ手を出す必要はありません。


一つのことに絞り切れずに、あれこれと手を出してしまう。これは、保護者の影響が大きいのです。

たとえば、塾や学校を選ぶときに、今の保護者はとにかく右往左往しがちです。どの塾がいいのか、どの先生の教え方が一番上手なのか。大学受験を有利にするにはどの中学校に行くのがいいのか……。

世にあふれるたくさんの情報に惑わされて、あっちへ行ったりこっちへ行ったり。要領よくこなそうとするあまり、かえってどれも中途半端になってしまう。そこには確固たる信念があるように思えません。

原因は国の教育政策にもあります。日本の教育政策は、目先の課題ばかりを追って、「やれ話す・聞く英語だ」「やれアクティブラーニングだ」「やれプログラミング教育だ」と、ころころと変わりがちだからです。

保護者は、そんな情報に反応して、「うちの子にもやらせなければ……」と右往左往してしまうのです。

しかし、振り回されて迷惑を被るのは子どもたちです。くるくる変わる落ち着かない環境のなかで勉強することになってしまい、学力が伸びるはずもありません。

子どもには、**安定した環境のなかで、じっくりと集中して勉強に取り組ませてあげるべきです。**

「どこの塾がいい」とか、「どの参考書がいい」というのは非本質的なことです。

勉強の本質は、「するか」「しないか」です。

そして、「する」のであれば、まずは、前述した「計算・漢字・英単語」といった基礎を徹底的にやる。参考書を使うなら1冊に絞って読み込む。そのような信念を持った勉強の仕方が必要なのです。

POINT

これと決めた1冊の参考書を徹底的にやることで、内容を頭に叩き込むことができ、得点につながる。

9 きちんと話が聞ける子には、忍耐力と克己心が生まれる

子どもが「学校の授業はつまらないから行きたくない」と言ったら、保護者としてはどう答えるべきでしょうか。

私の答えは、**「つまらなくても我慢して行く」**です。

大学時代、夜更かしをして授業に遅刻したり、時にはサボったりと、だらしない生活を送っていた学生も、社会に出たら毎朝きちんと起きて会社に向かいます。そうしなければ会社員として、社会人としてやっていけないからです。

毎朝7時に起き、朝ご飯を食べ、学校に行く。昼になればご飯を食べ、友だちと談笑したり遊んだりする。そして家では明日に備えて、夜更かしせずに早く寝る。そういった生活リズムを身につけることが、小・中・高の基礎教育の役割です。

だから学生のうちは、授業がつまらなくても毎日行かなければなりません。

まず、「毎日学校に行く」という基本中の基本を身につけたら、そのうえで今度は、**先生の授業をしっかりと聞くことを覚える**必要があります。

授業中は私語をしてはいけないし、勝手に歩き回ってもいけない、宿題を忘れずにやるなど、いろいろなルールを守って学校生活を送らないといけない。これはわんぱく盛りの子どもにとって、なかなか大変なことです。

しかし、我慢しながらもいろいろなルールを守って学校生活を送り、毎日何時間も席について先生の話をきちんと聞くことで、**「忍耐力」**が養われます。

成績が悪ければ教師や保護者からいろいろと言われて、悔しい思いをすることがありますが、そういった思いを乗り越えて自分なりに問題を解決していくことで、**「克己心」**も養われます。

学校の授業は、基礎的な忍耐力や克己心を養う場でもあるのです。

部活でも忍耐力や克己心を養うことはできますが、いつでもやめられる部活と違って、小中学校の授業は義務です。面白くないと思っていてもやめられません。

授業がつまらないからといって、先生の言うことを聞かず、宿題もやらないということでは忍耐力・克己心は養われません。そんな子どもが大人になり、社会に出ればどんなに苦労することか想像に難くないでしょう。

第1章で私は、「勉強ができる子は勉強に集中しすぎて試験に遅刻する」という例を出しました。そのことと、今説明した毎朝きちんと学校に行くということは矛盾しているように見えますが、これは、集中力も正しい生活習慣もどちらも大切ということです。

集中力がなければ勉強した内容は頭に入らないし、きちんとした生活習慣を身につけなければ社会に出てからやっていけません。バランスを取りつつ両方を身につけさせてあげることが、保護者の役割ではないでしょうか。

忍耐力や克己心を養うためのポイントがあります。それは、**「長期目標とは別に短期目標を立てる」**ことです。

難関大学に入学する、医師になるなど、小学生のうちから長期スパンで目標を立てている親子はいます。しかし長期目標しか持たないと、結局、何も達成できないで終わるおそれがあります。

長期目標では漠然と大きなゴールを設定しがちで、スタート段階では本当に達成できるのかどうか自信が持てず、途中で嫌になってしまうことがあるからです。

また、目標を立ててから結果がわかるまで期間が長いので、何としても目標を達成しなければという思いを維持することができません。しばらくしたら、目標を立てたことすら忘れてしまうこともあります。

よく、「田植えをするときは遠くではなく足元を見ろ」といわれますが、それは遠くを見ると嫌になってしまうから。足元を見て1本1本稲を植えていけば、広い田んぼの田植えもいずれは終えることができます。

勉強もそれと同じ。「今度のテストで90点以上取る」「今週中にドリルのこの範囲を終わらせる」など、1週間から3週間程度を期限とする短期目標を立てる。そうすればゴールが近いので、緊張感や責任感を持って目標達成に取り組むことができます。

短期目標を立てて行動し、期限が来たらまた新たな短期目標を立てる。それを繰り返すことが、学校の授業のなかで忍耐力と克己心を養うことにつながります。

POINT

学校の授業は、基礎的な忍耐力や克己心を養う場。そして、長期目標とは別に短期目標を立てる。

10 鉛筆で書いた内容をなぞる

「参考書を一度ノートにまとめたのに、その内容を覚えていない」という子は、ノートの取り方が悪いのかもしれません。

ノートの取り方にもいろいろありますが、私が子どもの頃から実践してきた方法を紹介します。

それは、**最初に鉛筆で書いて、その上から万年筆で清書するという方法**です。この方法は授業の板書を書き写すときにも、参考書をまとめるときにも使えます。

この方法でノートを取ることで、どんな効果があるのでしょうか。

まず、一度書いたものを再度書くということで、復習することになります。

特に、授業のノートを取るときには効果的です。復習効果を発揮することが目的なので、授業を受けた当日か、遅くともその翌日までに清書をするのがよいでしょう。

また、参考書をまとめるときにこの方法を使えば、書かれている内容をより深く理解できます。

参考書は、それぞれの単元についてわかりやすく簡潔にまとめてあるものです。その内容をさらにまとめることで、自分にとって不要な部分が省かれ、大事な部分が強調されます。つまり参考書の再編集をしているわけです。

そのようにしてできたノートは、自分だけの参考書です。役に立たないはずがありません。しかもていねいな字で清書してあるので、愛着が湧き、後から何度も見返したくなります。

人がものを記憶するときには、単語や数字の羅列よりもイメージで覚えたほうが記憶しやすいといわれます。**自分でまとめたノートは、頭のなかにイメージとしてインプットされ、テストのときなどに思い起こされます。**

実際に私は今でも、子どもの頃に作ったノートの内容の一部を詳細に思い浮かべることができます。**ノートを作り上げていくことで知識が整理され、しっかりと頭のなかに定着**

するということです。

具体的な書き方について説明します。

最初に鉛筆で書くときは、筆圧を低くして書くのがポイントです。後で消しやすくするためです。また、この段階ではきれいに書くことを意識する必要はありません。

次に、鉛筆で書いた上から黒いペンでなぞります。私が子どもの頃は万年筆を使っていました。

ペンでなぞるときは清書として、きれいな字で書きます。習字のように美しい字でなくてもかまいません。自分なりにていねいに書くことが大切です。普段、字を書くときの倍以上の時間を使って書けば、ていねいな字になります。

また、見返したときに読みにくくないように、文字の配置もよく考えてから清書します。文字をぎゅうぎゅうに詰めすぎず、かといって余白ばかりでスカスカにならないよう気をつけましょう。

文字ばかりではなく、なるべく図も使うようにしたいところです。図といっても複雑なものである必要はありません。関連する事柄に丸をつけて線で結びつけたり、修飾語と被修飾語の関係をアンダーラインと矢印で示したり、といった程度です。

色は黒ばかりでは寂しいので、赤、青などのペンやマーカーも使うとよいでしょう。


ノートを開いた左側のページに下書きをして、右側のページに清書をするという方法も考えられますが、私はおすすめしません。


最初の下書きを消すことに意味があるからです。

最初の下書きは、後で消える運命にあるので、ていねいに書く必要はなく、ぐちゃぐちゃに書いてもいい。ぐちゃぐちゃだった書き込みが清書をすることにより、自分の理想通りにデザインされたノートに変わっていく。その喜びを感じることが肝なのです。


こうして作ったノートは、大きくなってからも大事にとっておきたい宝物となります。

私の場合には分厚いノートを買ってきて、その1冊に、全教科の勉強内容をまとめるだけでなく、日記帳やスケジュール帳、こづかい帳の役割も持たせていました。

当時のノートは今も家の片隅に眠っています。久しぶりに開けば、当時勉強したことや自分が考えていたことを懐かしく思い起こすことができます。

細かいところまで私のやり方をまねする必要はなく、万年筆でなくともかまいません。お子さんなりのやり方で工夫してもらえればいいでしょう。ぜひ楽しみながらノートを作らせてみてください。必ず自分の力になるはずです。

POINT

最初に鉛筆で書いて、その上からなぞると、知識が整理され、しっかりと頭のなかに定着する。

11 「四角い部屋を丸く掃く」人間は成功するのか？

成績が「3」の子と、成績が「5」の子は、どう違うのでしょう。

まず顔つきが違います。成績3の子は「年中春」というような顔をしています。つまりボーッとしている。休み時間に友だちが「遊ぼう」と言ってくると、即座に「うん、遊ぼう」と反応する。私たちは顔を見ただけで成績がわかります。

成績5の子は、ボーッとした顔はしていません。休み時間に友だちが「遊ぼう」と言ってきても、「遊びたいけど、授業で習ったことを念のため、もう一度確認しておこう」と考えて断る。これが成績5の子です。

成績3の子と5の子では掃除の仕方も違ってきます。

四角い部屋を丸く掃いてしまうのが成績3の子です。四角い部屋を丸く掃けば、四隅にホウキは行き届かないので、掃き残しが生じてしまいます。掃除をしたことで何となくきれいにはなっても、隅っこのゴミが完全には取れていません。つまり、成績3の子は細かい部分にまで気が回らないのです。

一方、成績5の子は、**四角い部屋を掃除するとき、四隅にも注意してホウキを動かせるので、掃き残しがありません。**つまり、**何事においても注意深く几帳面な性格**ということ。この性格が勉強にも反映されます。

成績5の子が勉強に取り組むときには、隅々まで注意するので、より深く理解して頭のなかに定着させることができるのです。

今の学校の授業は、落ちこぼれをつくらないように易しい内容になっています。だからほとんどの子にとって、授業内容がわからないということはあまりありません。どの子も授業内容の基本は一応わかります。

しかし、入学試験では差をつけなければなりませんから、重箱の隅をつつくような問題が出ることになります。

また、学校が付ける内申点もやはり細かい部分で差がつくことになります。

現在の受験制度では、それらの点数をきっちりと積み上げない限りは、難関校に合格することができません。学校の授業内容をわかっていたとしても、それだけでは不十分で、単元の理解度と応用問題の出来で、合否が分かれてしまうのです。

四角い部屋を丸く掃くのではなく、隅々まで掃くような子になるのは、簡単なことです。**普段から、保護者や周りの大人が教えてあげればいい**のです。

初めはどんな子でも、掃除をさせれば丸く掃き、隅っこのホコリを取り逃がしてしまうでしょう。

でも、「それでは部屋がきれいにならないんだ」ということを、大人が教えてあげてください。何度も教えてあげるうちに、きちんと隅々にまで気を回し、四角く掃くことができるようになります。

掃除だけではありません。家に帰って靴を脱いだら、そろえないで脱ぎっ放しにしておく子は多いです。

また、服装がいつもだらしない、近所の人に会っても挨拶をしないなど、普段の生活態度がきちんとしていない子は、成績も悪い傾向にあります。

そのような普段の行いを振り返らせ、几帳面な生活態度をつくることが、ひいては成績を上げることにもつながります。

生活態度はしつけでもあり、繰り返し言うことでしか身につけさせることができません。**最初からできる子はいないのですから、諦めずに、何度も言うことが大事**です。

そして、もう一つ忘れてはならないのは、「子は親を映す鏡」ということです。

保護者が模範となる生活態度をしていなければ、子どももできるはずはありません。**子どもがだらしない生活態度になっているのは、保護者のまねをしていることが多い**のです。

自分ができていないことを子どもに指導しても、言うことを聞いてくれるはずがありませんよね。まずは、自分の生活を振り返ることから始めてみるのが近道かもしれません。

POINT

成績3の子は、四角い部屋を丸く掃く。
成績5の子は、四角い部屋を四隅にも注意して掃く。

12 素直な子は学習能力が高い

「腑に落ちる」という言葉があります。この「腑」は、はらわたやお腹の中心のこと。転じて、「心の底」のような意味合いでしょうか。

人は物事に対して十分に理解・納得ができると、その物事が腹の底に落ちたような感覚を得ることができます。これが「腑に落ちる」という状態です。

素直な子は、先生の言葉がスーッとお腹のなかに入っていってストンと落ちます。先生の言葉をそのままストレートに受け止めているのです。そんな**素直な子ほど勉強の理解が早いので、学力がどんどん伸びます。**

逆に素直でない子、へそ曲がりな子は、聞いた話があっちへ引っかかり、こっちへ引っかかり、なかなか腹の底に落ちていきません。その結果、素直な子と比べて理解をするのが遅くなります。

「素直な心」は勉強をするうえでとても大事なのです。

へそ曲がりな子にならないために、保護者ができることはいくつかあります。

たとえば、僭越ですが、円満な夫婦関係を築かれることです。

夫の言うことに妻がいちいち反論したり、あるいは妻のことを夫がいつも否定していたりと、意見が対立してばかりの夫婦関係を間近で見ている子どもは、お父さんとお母さん、どちらの言うことを信じていいのか、わからなくなってしまいます。

また、「お父さんはお母さんからいつも怒られてばかり。だから僕もお父さんの言うことは聞かなくてもいいや」と無意識に考えるようになります。やがては、大人の言うことすべてを素直に受け止められなくなります。

そのような子は、人の言うことを素直に受け止めることができないため、否定的なことばかり言ったり、常に揚げ足取りをしたりするようになってしまいます。

普段の夫婦関係が、子どもの性格に多大な影響を与えるということです。

現代において夫唱婦随（夫の言うことに妻が従うこと）が理想的とは限りませんが、少なくともパートナーの言うことをいちいち否定するような関係ではまずいでしょう。

「お互いの話をきちんと聞き、自分に対する意見には素直に耳を傾ける」というように夫婦の円滑なコミュニケーションができていれば、子どももそれにならって素直な性格に育ってくれます。

また、保護者が何事も要領よくやろうとするあまり、右往左往してしまう。これも子どもにはいい影響を与えません。

ネットの評判に影響されて志望校をコロコロと変えたり、参考書が合わないからと次々と新しいものを買ってきたり。保護者がそんなふうに落ち着きがないと、子どもは保護者の2倍、動揺します。何を信じればいいのかわからず、落ち着いて勉強できません。

「夫婦仲良くする」「要領だけを追い求めて右往左往しない」「几帳面な生活態度を心がける」といったことを実践していれば、子どもは素直な子に育ってくれるはずです。元来、子どもは誰でも素直なものだからです。

私は決して「先生の言うことに疑問を持つな」と言っているのではありません。

勉強に対して意欲のある子が先生の発言のある部分に疑問を持つことは、とてもいいことです。それは興味や関心が高いということだからです。疑問を解消するために、先生に積極的に質問すればいいでしょう。

しかし、素直ではない子が発する疑問はそのような疑問とは少し違います。

「宿題をこれだけ出すからきちんとやってこいよ」と指示したら「えーっ！　そんなに⁉どうして？」

つまり、面倒くさいことを避けたいがために、とりあえず反発したり、揚げ足を取ったりする。このような疑問の持ち方がほとんどです。そんな子ばかりになると、授業が成り立たなくなり、本人にとっても周りの子にとってもいいことはありません。

世の中には、疑問を挟む余地のない当たり前のことが存在します。「なぜ人を殺してはいけないか」「なぜ人の物を盗ってはいけないか」などは、議論する必要はなく、説明をしてはならないのです。子どもたちはそのまま素直に受け止めることが大切です。

お子さんの学力を伸ばしたいなら、ぜひ素直な心を持った子に育ててください。

POINT

素直な子ほど勉強の理解が早いので、学力がどんどん伸びていく。

13 平穏な精神状態を持つ

大人と比較して子どもは、感情の起伏が激しいものです。成績がよいと浮かれるし、成績が悪いと自信をなくして、この世の終わりのような顔をして落ち込んでしまう。

感情の起伏が激しくて得することはあまりありません。テストでいい点を取ったからといって天狗になっていれば、勉強がおろそかになったり、大切なテストのときに大きなミスを犯したりします。

また、成績が悪かったからといっていちいち落ち込んでいては、勉強に身が入らなくなり、さらに成績が落ち込むことになります。

「失意泰然　得意淡然」という言葉があります。「失敗したときも悠然と構えて取り乱さない、うまくいったときもおごり高ぶったりしないで淡々としている」という意味です。

そのような安定した精神状態、**「平穏な精神状態」を持つことが勉強するうえでは大切**です。

そんな心境に近づくためには、内面世界を持つこと。外部からの影響に条件反射的に対応するのではなく、まずは**自分自身に問いかける習慣をつけること**です。

「テストでミスをしちゃった。どうすればミスしないようにできるんだろう」

「今学期はいい成績だった。でも油断していたら、また失敗する。気を引き締めて頑張ろう」

というように、立ち止まって自分を振り返ることのできる子どもにしてあげたいのです。

そうするためには、教師や保護者の助けが欠かせません。

私が大学受験の英語のクラスを教えていたときのことです。それは優秀な子が集まっているクラスで、休み時間になると生徒が大勢、私のところへ質問しに来ていました。

あるとき、1人でいくつも質問する子がいました。勉強熱心なのはいいのですが、その子ばかりが質問すると、後ろに並んでいる他の子が質問できなくなってしまいます。そういうとき、私はこう言います。

「後ろを振り返ってみて。何人並んでいる？　休み時間は何分？」
するとと彼はすぐに察して、質問を切り上げました。他の生徒の質問時間を奪っているこ
とに気づいたのです。私が考えるに、これが教育です。ちょっとした手助けをするだけで、
子どもは自分自身を振り返ることができます。

感情の浮き沈みによって子どもが間違った方向に行きそうなときにも、手を差し伸べて
助けてあげることが大切です。

たとえば、子どもが失意の底にあるときには、励ましてあげます。

ある生徒は、希望する大学になかなか受からず、3浪して弟にも抜かれてしまいました。

あるとき、彼は私に言いました。

「先生、僕の人生、谷あり谷ありです」

それを聞いて私は、他の生徒にも聞こえるように言いました。

「君はすごい。たかが東大A判定の成績で自分の周りを自信のトーチカ（防護壁）で被っ
ている諸君よりずっと君は、人生とはなんたるかを理解しているよ」

それを聞いて彼は、ホッとしたような顔をしていました。いいところを見つけて褒めてあげれば、希望を持ち続けることができます。

逆に、東大A判定で調子に乗っている生徒がいました。私はその子に授業中に、「〇〇は死んだほうがマシだ」と言い放ちました。

彼はショックを受けていましたが、その後は真面目に勉強に取り組むようになりました。のちに彼は合格体験記にこう書いてくれました。

「あのとき、河端先生に『死んだほうがマシだ』と言われて頭から水をかぶせられた気がしました。調子に乗っていました。あのままだったら、完全に不合格でした」

私がそのような言葉を投げかけたのは、強固な人間関係があったからです。

「東大確実の彼は家では王子様のように扱われていて、厳しくしてくれる人はいない。今言ってあげなければ失敗する可能性大だ。彼は間違っても道を誤るような人間ではないから、思い切った言葉をガツンとぶつけたほうが彼のためになる」

そのように考えて、きつい言葉を投げかけたのです。

これは極端なケースかもしれませんが、怒られたことがない子にはある程度厳しいことを言ってあげることは効果的な場合が多いのです。

受験の合否や勉強の成績での浮き沈みなんて、長い人生から見れば小さな波でしかありません。ちょっとしたことには振り回されない、強い精神力を子どものうちから持てるよう、周りの大人が手助けをしてあげてください。

POINT

自分自身に問いかける習慣を身につけさせて、自分を振り返ることのできる子にする。

14 褒めておだてて、その気にさせる

「子どもが言うことを聞かない」「何度言っても伝わらない」、これは子どもを持つ保護者にとって共通の悩みです。

では、どうすればこの問題を解決できるか。それは、**「粘り強く、繰り返し言うこと」**。これに尽きます。

一度言って伝わるようなら苦労はしません。私は「壊れたテープレコーダー」と表現していますが、伝えたいことは本当に何度も、自分が壊れたテープレコーダーになったつもりで繰り返す必要があります。

たとえば、授業で重要箇所があれば、「A＝Bだぞ。もう一度言うけどA＝Bだ。最後に言うけど、A＝Bだ」と本当に3回ぐらい繰り返します。

受験勉強では覚えることがたくさんあり、優先順位の低いものはすぐに忘れられてしま

いますから、**大事なことは何度でも言って優先順位を上げる必要がある**のです。

家庭で生活態度などを指導する場合も同じです。**子どもはそもそも1回では理解しない、何度でも言い聞かせてください。**

もちろん、同じように言うだけでは、だんだん慣れてしまい、右の耳から左の耳へと通り抜けるだけになってしまいますし、反発されるおそれもあります。だから伝え方は工夫したほうがいいですね。

その場で繰り返すのではなく、気づいたときに言って、寝る前に言って、そして翌日の朝にもう一度言うといった具合に、タイミングをずらすことも一つの手でしょう。

「褒めたりおだてたりしてその気にさせる」ということも大変有効です。

「やってみせ　言って聞かせて　させてみて　褒めてやらねば　人は動かじ」

海軍大将、山本五十六の有名な言葉です。上官の命令には絶対服従という厳しい規律があった旧大日本帝国海軍の大将でさえ、「褒めなければ人は動かない」と言っているのです。

現代の子どもに保護者の言うことを聞かせようと思ったら、そうそう簡単にはいかないと覚悟しなければなりません。

「繰り返し言う」をしつこくやりすぎて、子どもが反発してしまうことはあります。そんなときは、変化球を使ってみてはどうでしょうか。

塾の生徒で、私が何度同じことを説明しても聞き入れてくれない子がいました。私は「ちょっと散歩しよう」と外に連れ出しました。

そして、「桜がきれいに咲いているな」などたわいもない話をしながら歩きました。10分くらいして帰ってきて、「私の言ったこと、わかったかな」と尋ねると、「わかりました」と答えてくれました。

子どもだってプライドがありますから、真正面から言われれば反発したくなるものです。しかし、こちらがそれに付き合わずに、変化球を投げかければ、子どもは元来素直ですから、素に戻ります。

今まで取り憑いていたもののけが落ちるかのように、いつもの状態に戻るのです。そこであらためて話をすれば、こちらの言いたいことをすんなりと理解してくれます。

忘れてはいけないのは、子どもに言うことを聞かせるには、信頼関係ができていることが前提になるということです。

具体的には、**子どものことを保護者がよく知っているということも必要**です。

「自分は子どものことをよく知っている」と思っておられますか？

では時間割は覚えていますか？　得意な科目は？　今日何時に帰ってくる？　仲の良い友だちは？　クラブではレギュラーなのか補欠なのか？　好きな有名人は？

知っていれば言葉の端々に、行動の一つひとつにそのことが表れ、子どもは頼りになるのは地球上にこの人しかいないと思うはずです。

たとえば、テレビに自分の子どもが好きなスポーツ選手が出ていたら、録画しておいてあげる。ネットで子どもの志望校に関する記事を見つけたら、プリントしてあげる。

そういうちょっとした行動から子どもは、「僕のことを考えてくれているんだな」と自分への関心や愛情を感じます。

そうすれば保護者のことを信頼して、注意されたことに耳を傾けようという気にもなってくれます。

日頃からきちんと畑を耕しておかなければ、芽が出ることもないということなのです。

POINT

子どもはそもそも1回では理解しないので、褒めたりおだてたりしてその気にさせて、繰り返し言う。

第3章

環境を整える

15 家庭は勉強の敵

「家庭というものは、子どもが勉強するのに適した環境ではない」と認識されていますか？適さないどころか勉強の敵、受験の敵といってもいいくらいです。

なぜならば、**家庭は子どもを甘やかす場所**だからです。お腹が空いたと言えばご飯が出てくるし、暖かい衣服もある。何不自由なく暮らすことができます。その結果、もしそのようなサポートが十分でなければ養われていたであろう忍耐力や克己心、自主性、ハングリー精神などが失われてしまいます。

だから家庭は必要ない、と言っているのではありません。家庭は温かく、子どもだけでなく誰にとっても心のよりどころとなる大切な場所です。

しかし、子どもを手厚くサポートするがゆえに、**本人の自主性を奪い、勉強する意欲を削いでいるという側面も、家庭にある**のです。

もう一つ、**家庭には子どもの集中の妨げになるものが多いという点も問題**です。

子どもが自分の部屋で勉強しようとしても、本棚には面白い漫画がたくさんあり、引き出しのなかにはゲームが入っています。そんな**誘惑が多い環境で勉強に集中するのは難しい**のです。

ではリビングでの学習はどうかというと、これもまた簡単にはいきません。リビングで勉強していれば漫画やゲームからは遠ざかることができますが、今度は家族のことが気になります。

キッチンからお母さんが料理を作っている音がしてくれば、「今日の晩ご飯は何かな？」と気になるし、弟や妹がバタバタと走りまわっていれば、「何しているんだろう。楽しそうだな」と意識がそちらに行ってしまいます。

リビングにも誘惑は多いのです。雑誌などでリビング学習が学力向上につながるかのようにいわれていますが、それは例外的に優秀な子どもと優秀な保護者のケースです。**ほとんどの親子にとって、リビング学習はマイナス面のほうが多い**といえます。

家の外で勉強するのはどうでしょうか。すぐ思い浮かぶのは図書館ですが、最近では自習を一切禁止にする図書館も増えています。また、利用時間もかなり限定されているので使い勝手がいいとはいえません。

理想的な環境に近いのは、塾の自習室でしょう。ただし、その自習室がきちんと管理されており、一切の雑音もないほどに静寂が保たれているならば、です。

静かな環境のなか、自習室にいる他の子どもたちが一心不乱に勉強に集中している様子を見れば、「自分も負けないぞ」とやる気がみなぎってきます。

しかし、仲のいい子ども同士が小さな声でヒソヒソと話す様子があちこちに見られるような自習室なら、気が散ってしまい勉強には向きません。塾を選ぶときには自習室の環境がどう保たれているかもチェックしたほうがよいでしょう。

私の塾で励行しているのは、どこの塾でもできることではないかもしれませんが、職員室で自習することです。

職員室ですから当然遊んでいる子どもはいませんし、授業をやっている時間帯は教師の数も少なくなり静かな環境です。休み時間には質問もできます。

私がこのように場所にこだわるのは、**勉強をするときは潜在意識を動員する必要がある**

と考えているためです。

人間の意識は、自分では自覚することのできない潜在意識が全体の9割を占めているといわれます。

宗教家が行う座禅や瞑想などの修行は、潜在意識レベルで自分をコントロールし、欲望を捨てたり、悟りを開いたりしようとする試みです。

勉強をするということも、自分で決めた一つの道を追い求めるという意味では、宗教の求道者と同じ。学業の道を追い求めるには、表面上の意識だけでなく、水面下にある潜在意識までを動員して集中して勉強することが大切なのです。

私は学生時代、電車のなかでよく勉強しました。騒音はありますが、逆に集中できた覚えがあります。

心を真っ白にして一心不乱に勉強に取り組む、そんな環境が子どもにとっては必要なのです。

POINT

家庭には子どもの集中の妨げになるものが多く、リビング学習もまたマイナス面のほうが多い。

16 かたちから入る

ノートがきれいな子とそうでない子、どちらの成績がいいでしょうか。

ノートは勉強した内容をまとめるためのものですから、字がきれいかどうかなんて、本質的にはどちらでもいいことです。書いてある字が汚くて、まとめ方が雑だったとしても、テストで点数を取れる子は取れます。

しかし実際には、特に小学生のうちは、**ノートがきれいな子＝成績がいい子**という相関関係があります。

それはなぜでしょうか。

ノートをきれいにまとめることは、塗り絵を完成させていくような楽しい行為です。楽しいと感じながらノートをまとめていると、やがて勉強すること自体も楽しくなります。**楽しんで勉強していれば成績は自ずと上がる**、というわけです。

第2章で説明した、鉛筆で書いた後に万年筆でなぞるというノートのまとめ方も、楽しみながらまとめるための方法の一つです。

本質的な部分にたどり着くために、非本質的な部分からアプローチする。つまり**「かたちから入る」ことは、勉強をする側にも教える側にも、取り組みやすく効果的な手法**なのです。

たとえば、勉強机。あなたの子どもが勉強するときに、机の上はどのような状態になっているでしょうか。

机の上に勉強と関係のないものが置かれていないでしょうか。置かれているなら、ふとした瞬間にそこに目が行ってしまいます。それが集中力を邪魔します。

「明窓浄机」（明るい窓ときれいな机）という言葉がある通り、勉強する際には、勉強に適した環境を構築する必要があるのです。

勉強とは関係のないものをすべて押入れなど意識の届かないところにしまい、できるだけ作業をする場所を広く取る。そして、机の上は参考書やノート、筆記用具などこれからやる勉強に必要なものだけを出した状態にする。そうすることで集中して勉強に打ち込むことができるわけです。

筆箱についても同じことがいえます。長年の教師経験から、筆箱の中身とその子の成績には相関関係があると感じています。

筆箱のなかにある鉛筆の芯はどれも丸まって、短くなったものばかり、消しゴムも真っ黒に汚れていて、消しカスやら何やらゴミがたくさん詰まっている……。そんな筆箱を持っている子の成績は、たいていよくありません。

反対に、**筆箱のなかがきれいに整理整頓され、とがった鉛筆がそろっている子は、成績がいいことが多い**のです。優秀な大工さんの道具箱のなかが整理されているのと同じです。

飲食店を思い浮かべればわかると思います。

たとえば、一流のお寿司屋さんは、隅々まで掃除が行き届いていますよね。お客さんに美味しいと感じてもらうためには、寿司の味だけでなく店内の清潔さにも気を配る必要があるからです。だからまず、寿司を握る前に店内をきれいな状態にする必要があるのです。

飲食店に限らず、どんな仕事でも一緒ですね。製造業の多くは、「5S」（整理・整頓・

清掃・清潔・躾）などのスローガンを掲げて、現場をきれいな状態に保つことを心がけています。

整理整頓して準備を整えてから作業にあたることで、効率的な作業ができるうえ、従業員のやる気やモラルを高めることにもつながるのです。

余談ですが、世界的なモーターメーカーである日本電産では、買収先を検討するときに現場が汚い会社を選ぶそうです。

製造業にとって現場がきれいであることは当たり前です。それなのに現場が汚いということは、改善の余地が大きいということ。現場が汚い会社は、管理方法を見直すだけで、儲かる会社に生まれ変わることができるというわけです。

子どもも同様です。机の上や引き出しのなか、筆箱のなかが乱雑になっていて、成績があまりよくないという子は、それだけ伸び代があるということです。まず、**身の回りの整理整頓を始めるだけで、学力が大きく向上する**可能性があります。

ただし、気をつけなければならないのは、ごく一部に例外もあるということです。

部屋のなかも机の上も汚く、引き出しのなかはグチャグチャで、服装にも無頓着。でも勉強は異常にできる。アインシュタインのような、社会性の欠如した天才タイプの子が成績の最上位クラスには必ずいます。

そういう子に、無理やり机の上を整理整頓させたりすると逆効果になることがあるので注意が必要です。

でもそんなタイプは、本当にごく一部です。ほとんどの子は基本通りに「明窓浄机」から入るのが賢明です。

POINT

ノートがきれいな子、整理整頓ができる子などには、成績がいい子が多い。

17 選択を減らす生活をする

勉強をするということは、一つの道を追究することでもあります。**わき目も振らずに突っ走ったほうが成果は上がりやすい**といえます。

わき目も振らずに行くためには、勉強の邪魔になるもの、余計なものを自ら遠ざける必要があります。

仏道の修行に勤しむ人は、「墨染めの衣」を3枚だけ持ち、草履を履いて、頭は剃髪して、世俗へのこだわりを徹底的に捨てて毎日を送ります。そういう覚悟を持たなければ、仏道を究めることはできないからです。

アップル社の共同設立者スティーブ・ジョブズも、いつも同じ黒のハイネックシャツにジーンズ、スニーカーという格好でした。「今日は何を身に着けるか」という選択にいちいち頭を使いたくないから、というのがその理由だったそうです。

勉強に勤しむ子どももそのまねをするべきとはいいませんが、**大事を成し遂げるには小事を省かなければいけない**というのは、どの分野にも共通しています。小事へのこだわりはなるべく省く生活をしてみてはいかがでしょうか。

今の世の中には誘惑があふれています。しかも、それらは子どもにとってとてつもなく魅力的なものばかりです。

特に問題なのは、スマホ（ケータイ）、ゲーム、テレビです。私はこれらを「三毒」と呼んでいます。三毒をできるだけ子どもから遠ざけてあげる必要があります。

三毒のなかでもテレビは、最近では見ている子どもは少なくなりました。その代わりに子どもの時間を奪っているのはスマホとゲームです。

これらは勉強にとって邪魔になるばかりか、中毒性があります。やればやるほどハマっていき、いつもやっていないと落ち着かない状態になります。

常にスマホをチェックしていないとソワソワしてしまう。空いた時間があればゲームのことを考えてしまう。スマホをいじったりゲームをしたりすることで、精神的な落ち着きを保っている。そういう状態になっている子どものじつに多いこと。まさに依存症です。

この三毒にハマってしまったら、まともな大人への道は閉ざされてしまうといっても過言ではありません。しかもスマホはイジメにもつながることがあり、要注意です。

しかし多くの保護者は、この三毒を安易に子どもに与えてしまいます。自分の力で這い上がれないような落とし穴に、保護者が自ら蹴落としているようなものです。子どもをダメにする行為なのだと自覚するべきです。

本来は、保護者が三毒から子どもを守ってあげないといけません。

「情報化社会なんだから、スマホやテレビで情報を得ることは大切だ」という考え方もあるかもしれません。しかし、スマホで勉強に有益な情報だけを収集して、無用な情報は見ないなんて、そんな器用なことができる子どもはいません。

放っておけば、スマホで友だちとＬＩＮＥばかりしたり動画を見続けたりすることになります。

情報があふれる社会だからこそ、とりわけ**勉強に集中しなければならない子どもは、外部の余計な情報を意識的に遮断することが大切**なのです。

どうやったら子どもを「三毒」から離してあげることができるか。

まずできることは、**「保護者もできるだけやらない」**ことです。

子どもに「テレビを見ていないで勉強しなさい」と言いながら、自分はソファで横になってビールを飲みながら野球中継を見ている。子どもに「スマホばかりするな」と言いつつ、自分はいつもスマホが手放せない。これではまったく説得力がありません。

せめて子どもの前では、テレビを長時間見たり、スマホに熱中したりするのはやめてください。


私の経験では学者、研究者の子弟は、ほぼ例外なく成績優秀です。子どもは保護者の背中を見て育つものです。

幼い頃から保護者が夕食後、自宅で本を読んだり、勉強したりする姿を見せれば、子どもは同じようにするでしょう。「三つ子の魂百まで」です。

自分の行動が子どもの未来をつくることにつながります。

それでも子どもが「ゲームをやりたい」「スマホがほしい」と言ってきたら、きちんと説明して反対するべきです。日常の連絡手段としてやむを得ずスマホを与える場合も、厳格なルールを設けることです。

子どもには反発されるかもしれませんが、社会の誘惑から子どもを守るという覚悟を持って、三毒から子どもを遠ざけてあげてください。

POINT

大事を成し遂げるには小事を省かなければいけない。
スマホ、ゲーム、テレビは子どもの前では気をつける。

18 「才能」より「環境」が大事

子どもを指して、「この子には才能がある」「もともと頭がいい」などという言い方をすることがあります。

大脳生理学者のなかには、人の能力のうち2、3割は、生まれ持った才能、つまり遺伝的能力が占めると主張する人もいます。

スポーツにおいては確かに体型など遺伝的能力の影響は大きいかもしれませんが、勉強においてはどうでしょうか。

私の教育者としての経験から思うに、その子の能力のうち遺伝的能力が占める割合は、限りなくゼロに近い。つまり、**勉強ができる・できないは遺伝や才能ではなく、ほぼ100%環境、すなわち保護者の配慮によって決まる**と考えています。

勉強ができない子は、その子に生まれ持った能力がないからそうなったのではありません。育ってきた環境が悪かったから、できない子になってしまったのです。

環境が悪いというのは、具体的にいえば保護者に放置されてきたということです。どんな勉強の仕方をすればいいのかを教えてもらえずに、勉強に適した環境も与えられずに、野放しのままに育ってしまったら、どんな子でも勉強ができない子になります。

反対に、きちんとした環境を与えれば、勉強ができる子に育ちます。

環境を与えるといっても、机とイスを用意して、教科書や筆記用具を渡せばそれでいいわけではありません。保護者が範を垂れ、勉強の仕方を教え、やらせてみて、できているかどうかしっかりと管理する必要があります。

大人だって同じです。たとえば、販売店などであれば、マネジャーが営業担当者を管理します。一人ひとりの営業担当者に適切な目標を示し、営業プロセスを指示して、進捗状況を把握し、時には必要な助言やサポートをすることで、ようやく売上目標に近づくことができます。

マネジャーが管理してもいないのに、営業担当者が自発的に売上を上げてくれることはありません。

大人でさえ、上司から適切な指導がなければきちんと仕事ができないのですから、子どもであればなおさらです。

子どもは、困難を避けてイージーゴーイングな道を選びがちです。保護者によってきちんとしつけられなければ、勉強どころか挨拶の仕方、食事のマナーだって覚えません。

動物も同じ。馬だって生まれたままに育ったら、人間を背中に乗せて走ったりはできません。人間の管理下できちんと調教されるからこそ、競走馬になることができるのです。

「管理」という言葉には、何かに縛り付けるような、そんなイメージがあるかもしれませんが、そうではありません。**環境を整えてあげる**ということです。

環境を与えられずに放っておかれた子どもは、そのまま育つとどうなってしまうのか。渋谷や新宿などの繁華街に行けば、たくさん見ることができます。誘惑に満ちた大人の世界に落ちていってしまった子たちを……。

彼らにもきちんとした環境が与えられていれば、間違いなく高等教育の道に進むことができたはずです。

日本にこれだけ塾が多いのは、勉強する環境を整えてあげれば成績は上がるし、将来的に子どもの幸せにもつながるというニーズに応えているからです。環境の大切さの証しといえます。

私は何も、子どもを塾に行かせるべきだと言っているのではありません。

保護者は子どもを野放しにするのではなく、子どもにきちんと関わって、勉強はもちろん、生活習慣、善悪の判断などを教えてあげてほしいのです。

「うちは自由放任主義だから」「本人の自主性に任せているから」というご家庭はじつに多いのですが、果たして本当にそれで大丈夫なのでしょうか。単に保護者の責任を放棄して、野放しにしているだけというケースはよくあります。

小学生の頃までは成績優秀で、難関中学校へ合格したような子でも、何かのきっかけでまずい方向に落ちていってしまうことがあります。

我が子がどのように育つかは、天から与えられた才能ではなく、環境、保護者の関わり方次第ということです。

POINT

勉強ができる・できないは遺伝や才能ではなく、ほぼ100%環境によって決まる。

19 ワイドショーは人間を学ぶ最高の教材である

スマホ、ゲーム、そしてテレビ。私が「三毒」と呼ぶこれらのものを、子どもに与えるのはできるだけ避けるべきです。特に、勉強に集中したい時期の受験生にとっては害悪でしかありません。

とはいえ、現代の生活にこの「三毒」は深く浸透していますから、まったく触れないでいるというのも難しいかもしれません。

特にテレビについては、知的階層の高い学者などの家庭では置いていないこともあるのですが、一般的な家庭では必ず置いてありますよね。

置いてある以上、家族の誰かが見るので、子どもも一緒に見てしまうことになります。

問題はどんな番組を見せるか、です。

私がたまには子どもに見せてもいいと思っているのは、**「ワイドショー」**です。ワイドショーといえば、ニュースや芸能情報、生活情報などを幅広く取り上げて、コメンテーターがあぁでもないこうでもないと言う、娯楽番組です。

主に主婦層や高齢者が好んで見るあの番組を、なぜ子どもに見せてもいいのか。それは、**大人の社会や人間の本質を学ぶことができる教材**だからです。

たとえばワイドショーでは、タレントの不倫の話題を取り上げます。不倫していることが明るみに出た女性タレントが、涙を流して記者会見する様子が伝えられます。そしてそれを受けてスタジオでは、コメンテーターとやらが「不倫はいけないことだ」と断罪します。みんなで揃って不倫したタレントを袋叩きにするわけです。

なぜ犯罪にもならない他人の過ちをみんなで攻撃するかというと、それが視聴率につながるからです。

お茶の間にいる視聴者、特に主なターゲットである主婦層は、自分の配偶者に不倫してもらっては困ると考えています。

不倫をした女性タレントなんて「もってのほか」で、徹底的に叩かれればいいと考えている。だから芸能レポーターが記者会見でタレントを質問攻めにする姿を見て、視聴者は溜飲を下げるのです。

アイドルの女の子が俳優の誰かと密会していたなんて話も、事細かに取り上げますよね。あれは「他人の不幸は蜜の味」のパターンです。本来なら清純でなければいけないアイドルが男性と密会していれば、それは世間を裏切ったことになります。

しかも密会する相手が人気の男性俳優だったりすれば、女性視聴者は腹が立つわけです。だから、やはりワイドショーはその気持ちを汲んで、女の子を「清純なんてウソだ」と叩く。その様子を見て視聴者は納得するのです。

要するに、お茶の間にいる視聴者の下劣な心情を代弁しているのがワイドショーといえるでしょう。週刊誌が売れるのも同じ理由です。

そんな品のないものを子どもに見せて何の役に立つのかといえば、「社会とはこういうものだ」と教えることにつながるのです。

芸能人の不倫や政治家の失言など、下劣なものを喜ぶ大衆社会に私たちは生きている。それは疑いようもない事実です。

そういう社会に生きていることを自覚しつつも、大衆と同じような考え方からは一歩抜け出さなければならないんだと、子どもに教えることができるのがワイドショーを見ることのメリットです。

ですからワイドショーを子どもと見る際には、ただ漫然と見ていてはダメ。**常に批判的精神を持って、子どもと対話しながら見なければいけません。**

「あの政治家の答弁はどう考えても論理的じゃないよね」「あのタレントと所属事務所の対立って、どっちもどっちじゃない？」というふうに、社会の悪い側面を批判的に見るための生きた教材とすれば、ワイドショーも意味があるものになります。

もう一点、ワイドショーにもメリットがあるとすれば、**いろいろな家庭のかたちを知ることができる**点です。

夫婦仲が悪く喧嘩ばかりしている家庭もあるでしょう。さらには離婚してしまう夫婦もあります。

そういった家庭の子どもは、人知れず悩みを抱えていることが多い。なかには「僕のせいかもしれない」と自分を責めてしまう子もいます。

そんな子もワイドショーを見れば、「どんな夫婦でも離婚したり不倫したりしているんだな」「親が離婚する家庭は自分のところだけじゃないんだ」と知ることができます。自分一人が寂しい思いをしているわけじゃない、と気づくことになります。

ワイドショーが時には子どもの救いになることもあるのです。

POINT

ワイドショーは、大人の社会や人間の本質を学べる教材。批判的精神を持って、子どもと対話しながら見るもの。

20 祖父母がいると、環境がよくなる

現代の家族制度のなかで、おじいちゃん、おばあちゃんは、一緒に住んでいるいないにかかわらず重要な存在です。祖父母が孫を教育面でサポートしていることが多いからです。たとえば、子どもの塾や習い事への送り迎えを、祖父母に頼んでいる家庭は多いのではないでしょうか。

当塾でも21時頃にはお迎えの祖父母が多く来られ、さながら高齢者の方々のたまり場のようになることもあります。祖父母が孫の教育を援助するのは悪いことではありません。

特に、金銭面での支援は親世代にとってありがたいものですよね。

経済が伸び悩み、会社員の給与がなかなか上がらない時代にあって、教育費は上昇の一途を辿っています。教育費をどう工面するかは、子育て世代の最大の課題といってもいいでしょう。

そんな苦労をサポートしてくれるのが祖父母です。祖父母が孫のことを思って、塾の費用や私立中学の学費を出してくれるケースはよくあります。

孫はおじいちゃんおばあちゃんのお金で学校に通えるし、親世代は家計が助かるし、祖父母は孫の喜ぶ顔を見られる。三者のニーズが合致します。ですから、祖父母からの教育費のサポートは遠慮なく受けてもいいと思います。

ちなみに祖父母からの教育費のサポートを受けるとき、税金面はどうなっているのかご存じでしょうか。

じつは扶養義務者（父母や祖父母）からの通常必要と認められる学資や教材費等の贈与であれば、そもそも贈与税の対象にはなりません。

また、「教育資金の一括贈与を受けた場合の贈与税の非課税制度」という特例を利用すれば、教育資金を一括して１５００万円まで非課税で孫に贈与できます。手続きは面倒なのですが、相続税対策を考えているご家庭では利用を検討してもよいでしょう。

ただ、そもそもの前提としてきちんと認識しておかなければならないのは、教育にはお金がかかるということです。

文部科学省の平成28年度調査によれば、私立中学の学習費（学校教育費、学校給食費、学校外活動費）は年間約133万円。私立大学の場合、文系約92万円、理系約126万円、医歯系約378万円の学費（ともに授業料、施設設備費）が年間でかかることになります。深く考えもせずに「大学くらい出ておいたほうがいいから」と教育の道を突き進むのは危険です。

ところが多くの人は、子どもの教育となるとお金のことは二の次になってしまいます。そして、進学が決まってからお金がないとわかれば、借金することになります。

使用目的が教育費であっても遊興費であっても借金は借金ですから、返済しなければなりません。毎月の返済が家計を圧迫して非常に辛い思いをすることになり、最悪の場合は教育費破綻することもあるのです。

ですから、今も昔も変わらず、子どもが小さいうちからまず考えておかなければならないのは、「本当に高等教育の道へ進む必要があるのか」ということです。

昔ならば大学を出たら希少な人材として重宝されましたが、今は、高校を卒業する人の半数以上が大学に進学する時代です。大学卒が当たり前になっている時代に、大卒という肩書きにどれほどの価値があるのか。

大学の価値が下がったのは、文科省が大学をつくりすぎてしまったからです。団塊や団塊ジュニアといった世代の人口に合わせて、大学がどんどんつくられた。それに合わせて高校も中学も塾も設立された。その結果、人口が減ってからは学生の奪い合いになっています。

必死で定員を集めるために大学がやっていることのなかで問題があるのは、就職率のごまかしです。就職率と聞けば、普通は「卒業生」に占める「就職者」の割合を示すと思いますよね。でも実際は、「就職希望者」に占める「就職者」の割合で計算されていることが多いのです。

その場合、就職留年者や海外留学者、大学院に進学した人、フリーターやニートの人など即ち就職断念者は就職希望者に含まれていない。それで、「就職率97％」などと高らかに宣伝しているのです。

これはひとえに生徒数を集めるため、定員割れして国からの補助金を減らされないための苦肉の策です。そんな大学に行ったとして、本当に子どもの将来のためになるのか、今一度考えてみる必要があるでしょう。

祖父母の援助という話からだいぶ脱線してしまいましたが、私が言いたいのは、子どもの教育に対してじゃぶじゃぶとお金を使う前に、最低限のレベルでもいいので教育の現状を知っておいてほしいということです。

POINT

本当に高等教育の道へ進む必要があるのかを確認し、祖父母のサポートを大きな力とする。

第4章

保護者の役割

21 最高のリーダーは保護者である

子どもの教育における保護者の役割はどうあるべきか。**理想は、保護者が教師になることだ**と思います。

『受験は母親が9割』（朝日新聞出版）などの著書がある佐藤亮子さん（佐藤ママ）という方がいます。元学校教師で、専業主婦として子どもの受験勉強をサポートし、4人の子ども全員を最難関である東大理Ⅲに合格させた実績を持つ方です。

彼女の4人のお子さんが東大に合格できたのは、子どもたちがもともと頭がよかったからではありません。佐藤ママの努力のたまものです。

佐藤ママの教育にかける情熱はものすごい。勉強方法はもちろん、スケジュールや生活習慣など、あらゆる面で子どもの勉強に関わります。夏期講習に行きたいと言う娘と口論になり、2日間、口を利かなかったというエピソードもあるくらい、徹底的に受験に口を出すお母さんです。

子どもの教育において、佐藤ママのような関与の仕方も一つの理想でしょう。みんながみんな佐藤ママになったら、学習塾は不要になってしまうかもしれませんが……。

佐藤ママは特殊な例のように思われるかもしれませんが、海外に目を向ければ、そうでもないということがわかります。

よくいわれるのは、ユダヤ人の家庭教育です。ユダヤ人は子どもの教育に対して非常に熱心で、仕事を辞めてまで我が子の教育に関わる人も多いそうです。

また、アメリカの一大宗派であり、米国民の約3割を占める「キリスト教福音派」の人たちも教育熱心であることが知られています。彼らの多くは、子どもを学校に通わせずに、保護者が家庭教師となって子どもに勉強を教える「ホームスクーリング」を取り入れています。

なぜかというと、一般の学校に行かせると、聖書に反して「進化論」などの世俗的な教育を施されてしまうから。聖書の教義に沿った教育をするためには、自宅で学習させる必要があるのです。

聖書の教えが正しいかどうかは別として、保護者が我が子に対して、自分の考えに合った教育を施すというのは、当然のことだと思います。

このように、どの国でも教育熱心な人たちは、子どもの教育に徹底的に介入するのが普通です。

とはいえ現実的には、保護者にも人生の目標があるし、仕事をして家計を支える必要もあります。それに中学受験の問題だってかなり難しいので、勉強を教えてあげたくてもできないかもしれません。そんなときは、塾・家庭教師を利用すればいいのです。

ただ塾・家庭教師を利用するといっても、丸投げにして自分はノータッチではいけません。高いお金を払って塾に通わせても、任せきりでは十分な成果が得られないからです。

保護者はプロデューサーになったつもりで、子どもの教育に携わってください。そのためには大前提として、すでに説明した通り、子どものことを知っておく必要があります。

たとえば塾に通わせるなら、その塾にはどんな特徴があり、どんな先生が教えているのか。何曜日に何の授業があり、宿題はどのようにこなすべきか。テストはいつ行われるのか。今子どもはどのくらいの成績で、次の目標は何か……などなど。

受験が間近に迫ってきたら、保護者も受験生になったつもりで、積極的に受験に関わってあげてください。

学校のパンフレットを集めたり、志望校を絞り込んだり、願書の提出をしたりするのはもちろん、受験当日は受験票などの持ち物を確認し、試験会場までついていくべきです。

勉強を教えられなくても、それくらいのことならできるのではないでしょうか。

ところが実際には、受験生の保護者であっても、子どものことをほとんど把握していない、サポートもしていない人がじつに多い。

保護者と面談をすると、我が子が何年生なのか覚えていない方もいて驚かされることがあります。それでは教育を放棄しているのと同じです。

保護者が教育面のリーダーとなって、子どものことを把握し、勉強をリードしてあげてください。

保護者が関われば関わったぶんだけ子どもの学力となって返ってくるはずです。

POINT

子どものことをよく知り、子どもの教育に介入し、保護者が教育面のリーダーとなる。

22 命を懸けるという経験をさせる

一生懸命とは、「命を懸けて事にあたる」(大辞泉)という意味です。「受験戦争」という言葉があるくらいです。不合格になったからといって命を取られることはありませんが、まさに戦争状態です。

戦争状態にあって、ゆったりとディナーを楽しんだり、毎日風呂に入ったりする兵士はいるでしょうか。そんな兵士がいたら、すぐに殺されてしまいますよね。

どんな兵士だって戦争の最前線に送られれば、生き残るために必死になります。必然的に、優先順位の低いものは後回しになるはずです。

受験生だってそれと同じ状況にあります。だから食事は5分で済ませればいいし、お風呂には毎日入る必要はない。寝る時間だって惜しんで勉強すればいい。

母親の立場からすれば、ご飯はよく噛んでゆっくり食べてほしいし、お風呂だって毎日入って清潔にしてほしい、と心配するのはわかります。しかし、そんなふうに心配してあげるのは小学校の中学年くらいまでで十分です。

小学校も高学年になれば、何が大切で、何が大切でないかはわかってきます。せめて受験の1年前くらいからは、余計なことを全部捨てて、勉強だけに時間を注ぎ込む生活を送ってもいいのではないでしょうか。

受験に挑むのなら、平時から戦時にギアチェンジしなければならないということです。戦時ですから厳しい環境になってしまうのは仕方がないことです。保護者としては心配になりますが、受験が終わったらまた平時に戻して、いたわってあげればいいのです。

平時と戦時の切り替えができない子は、受験では勝てません。受験の数か月前なのに、塾で夜食を食べるときに、友だちとぺちゃくちゃしゃべりながら食べている子はいます。そんな子はクリスマスや正月が来たら、平時と同じように遊んでしまうでしょう。そうなったらもう負けは見えています。

受験をしようという子どもたちには、「今こそ命を懸けるべきときだ」ということを、きちんと教えてあげて、頭を切り替えさせてください。

受験は人間を鍛える場でもあります。

たとえば戦後10年くらいまでは、食べるものにも着るものにも困るという環境でみんな生きていて、子どもも働くのが当たり前でした。

しかし今は暖衣飽食の時代です。冷暖房完備の家に住み、美味しいご飯をいっぱい食べられる。衣服にも困らない。テレビや漫画、ゲームなどの楽しみもいっぱいある。

よくいえば恵まれた、悪くいえば生ぬるい環境のなかで育っていく子どもにとって、自分を鍛える機会はあるのでしょうか。部活も最近では厳しい指導が見直されつつあります。

唯一受験だけが、今の子どもたちにとって、命を懸けて戦うという貴重な経験をする場なのです。

いつの時代も、**受験では学力だけでなく、努力、忍耐、克己心、粘り強さなど、ひと言で言えば「生きる力」を鍛えなければいけません。**せっかく子どもを受験させるのなら、この機会を利用して、子どもの生きる力を十分に伸ばしてあげてください。

また、受験は本人だけで戦うものではありません。家族、学校、そして塾や家庭教師の力を結集し、総力戦で戦うことが大切です。

塾で、夜食を取るとき、隣の子はお母さんの作った美味しそうな弁当を食べているのに、自分はコンビニで買ったパンを食べている。塾が終われば、友だちはお父さんが迎えに来るけれども、自分は1人で帰る……。

そういう細かい部分で友だちと自分の違いを感じて傷つく子どももいます。そうなると本番前に精神的に負けてしまいます。

必ずしも毎日弁当を手作りしたり、送り迎えしたりする必要はありません。ただ、子どもが寂しい思いをしないように、きちんとフォローをしてあげてください。

保護者も社会で厳しい競争を戦っていますが、子どもの受験戦争はもっと熾烈です。合格・不合格という人生の重大な岐路に置かれて、必死になって戦っています。

そういう認識を持って、子どもたちを応援しましょう。

親子が一緒になって、**命を懸けて戦うという経験をすることは、お子さんのこれからの人生において貴重な財産となる**はずです。

POINT

受験は、今の子どもたちにとって、命を懸けて戦う場。努力、忍耐、克己心、粘り強さなど生きる力を鍛える。

23 なぜ、受験で親子は泣けるのか？

私は生徒に対して受験日前日の夜または当日の朝に、保護者（または、おじいちゃんおばあちゃんなど）に、「出陣の挨拶」をするよう教育しています。

出陣の挨拶というのは、たとえばこんな感じです。

「お父さん、お母さん、これまで応援してくれてありがとうございます。これから受験に行ってきます」

まるで出征する兵士のようなおおげさな挨拶です。不思議に思われるかもしれませんが、実際にそうするように指導しています。

そして、こんな挨拶をされた保護者は、ボロボロと涙を流します。

なぜ、受験で保護者は涙を流すのでしょうか。

中学受験をするということは、**人生の道を自分で切り拓こうとする行為**です。受験会場は自分の人生を奪い取ってくる場です。

今日が自分の人生にとって大事な日だということは、12歳の子どもでもちゃんとわかっています。

人生の戦いに赴き、無事合格する子もいれば、残念ながら不合格となる子もいます。合格すれば喜びますし、不合格となれば当然ながら悲しみます。いずれにしても、人生の岐路に立っているということです。

人生の岐路に立とうとするとき、人は「通過儀礼」を行います。入学式、卒業式、入社式、結婚式などが代表的です。

それらの通過儀礼には、「死と再生」の意味合いが込められています。つまり、それまでの自分が一度死んで、また新たな自分として生まれ変わるということです。入学式でも卒業式でも同じです。

受験は儀礼ではありませんが、「死と再生」という点では同じです。

今までの受験生としての自分を全部投入して、戦って死んでこい。そして合格するにせよ不合格になるにせよ、また新たな自分として生まれ変わって帰ってこい。……という親子にとっての一大事なのですから、送り出す際に涙が流れるのは当たり前です。

実際に受験を経験したお子さんの顔つきは、ガラッと変わります。大人の顔つきになって帰ってくることが実感できるはずです。

そして受験結果を知ったときは、合格であっても不合格であっても、やはり多くの親子は手を取り合って涙を流します。合格のうれし涙、不合格の悔し涙など、いろいろな感情があるでしょう。

子どもの勉強にきちんと関わってきた人ほど、そのときの達成感や安堵感はより大きなものとなるはずです。

私は授業以上に、受験前の両親への挨拶のような課外指導を大事にしています。

たとえば、欠席した生徒に電話をして様子を聞いたり、授業がない日も塾に来て自習するように促したり、受験当日に学校の前に立って塾生を励ましたり、といったことも教師にやらせるようにしています。

塾は予備校ではありません。時間割通りに勉強だけを教えればいいというものではありません。**本来の塾とは学問を学ぶだけでなく、松下村塾や慶應義塾のように人を育てる場**

でもあります。そういった場ですから、涙を流す機会もあるのは当然です。

今の世の中、大人が泣く機会ってありませんよね。涙を流すことは、カタルシス（精神の浄化）を感じる行為です。泣くことで心がスッキリします。

親子で受験に立ち向かえば、最終的に必ず涙が流れます。もし涙が流れないということであれば、それは一生懸命取り組んでいなかったからかもしれません。

ぜひ、悔いのない受験に取り組み、いい涙を流していただきたいと思います。その経験は**親子の絆をより深くすることにつながる**はずです。

POINT

親子で受験に立ち向かえば、最終的に必ず涙が流れる。それは、親子の絆が深くなることを意味する。

24 自分のことを話すより、まずは人の話を聞く

私の塾では社員全員に、会社としての方針や行動指針について書かれた手帳を渡しています。

そのなかに書いてある言葉に**「耳は二つ、口は一つ」**というものがあります。これは、自分のことばかり話すのではなく、人の話は2倍聞けよ、という意味です。

人間には耳が二つあり、口は一つしかないのに、多くの人は耳よりも口のほうをよく動かします。つまり人の話を聞くことよりも、自分が話すことのほうに熱心になってしまう。

それではコミュニケーションはうまくいきません。

自分の話ばかりを一方的に押しつけてくる人に対して、いい感情を抱く人はいません。それがいくら情熱的な話し方であっても、役に立つアドバイスであっても、話している本人に対していい感情を抱くことができなければ、聞く側はそれを受け入れることができな

いのです。

そこで**大事になってくるのが、話すよりも聞くということ**です。

自分が話すのは少し控えて、相手の話によく耳を傾けること。そうすることで、相手との信頼関係が構築されて、相手の気持ちを理解できるようになります。そのうえで自分が話したいこと、伝えたいことを話せば、相手の理解も得られやすくなります。

耳が二つ、口が一つなのですから、**コミュニケーションのなかで3分の2くらいは話を聞くことに注力してほしい**ということです。

これは誰にとっても大切なことです。

子どもは特に、人の話を聞かないで自分のことをしゃべりがちです。自分の話を聞いてほしかったら、人の話をよく聞くようにと教えてあげてください。

そして、そう指導するなら保護者も自ら実践しなければなりません。一方的に指図したり説教をしたりするのではなく、子どもの話に耳を傾けてあげましょう。

「なんでそんなこともできないの？」という小言や、「こうしたほうがいいでしょ」「私だったらこうやるよ」というアドバイスをしたくなる気持ちもわかりますが、そこは我慢して聞くことに徹してください。

そうすることで子どもも同じように、保護者の話に耳を傾けてくれるようになるはずです。


あるとき、私が教えていたクラスでこんなことがありました。

いつも偏差値70以上をキープしている成績優秀な子がいました。その子がなぜか、9月の模擬試験で偏差値45という成績表をもらってしまったのです。

私は非常に驚いて、「模擬試験の結果、ずいぶん悪かったけどどうしたんだ？」と尋ねました。

すると彼は言いました。

「先生、暑くて力が出なかったんだ」

そこで普通の教師だったら、子どもを問い詰めたり説教を始めたりしてしまいます。

「暑いといったって、みんな暑いのは同じなんだから、そんなことは言い訳にならないだろう」

「本当は何か他に原因があるんじゃないのか？　どうした？」

しかし、そんなふうに言われれば子どもは、「僕の言うこと信じてくれないのかな？」と不信感を持ってしまうでしょう。

私は、もちろん子どもの言うことをそのまま信じました。実際にそのときも、

「そうか、暑かったからか。わかった」

とだけ答えました。その子が「暑いから」と言っているのだから、本当に暑かったのです。それ以上、詮索する必要はないのです。

結局彼は、10月からは以前と同じようにいい成績をキープしました。本当に暑かったから点数が取れなかったのです。入試は冬です。

もともと成績がいい子だから、変調があっても黙って見守る、ということではありません。成績などは関係なく、**まずは信じるということ**です。

もちろん子どもの言うことが、１００％本心かどうかはわかりません。言い訳やちょっとしたウソが含まれていることもあるでしょう。

それも含めて信じてあげることです。信じてあげれば、子どもは自分が大切にされてい

ると感じ、大人のことを信頼してくれるようになります。信じてあげることによって信頼関係が築かれます。

子どもの話をよく聞いて、信じてあげることは、教育の入口です。

POINT

自分の話をするよりも、その倍聞くことを大事にする。そして、信じることで信頼関係が生まれる。

25 正直は最善の策である

“Honesty is the best policy”（正直は最善の策）、これは私のポリシーです。

ところが子どもも保護者も、あまり正直でないことが多い。すぐに解決するようなつまらない問題でも、正直に聞いたり伝えたりしなかったばかりに、こじれてしまうこともあります。

私の教えていたクラスの高校生があるとき、こんなことを言い出しました。

「先生、大学受験するのをやめて高卒で働くことにします」

私はその理由を尋ねましたが、判然としません。でも何となく、本心から言っているのではない様子です。いろいろ話してようやくわかりました。

彼が言うには、自分には年子の妹がいる。うちはあまり裕福ではないので、自分が大学に行くと、妹は大学に行けないだろう。どちらかしか行けないのなら、妹が大学に行ったほうがいい。だから僕は大学を諦める、ということでした。

お母さんにすぐ来てもらい、3人で話をしました。お母さんは、「大学進学資金はきちんと取ってある。心配しなくていい」と説明しました。親子が本音で話し合うことができ、最後には手を取り合って泣きました。

妹を思いやる心優しい子だとは思いましたが、言ってしまえば美しき誤解です。何でこんな誤解が起こったかというと、コミュニケーション不足です。

「うちにあまりお金がないみたいで心配なんだけど、大学に行ってもいいの？　妹も大学に行ける？」とはっきりと質問すればよかった。

また保護者のほうも、「うちにはお金がない。けれども2人を大学に行かせる最低限のお金は用意してある。だが浪人は許されない」というふうに正確に伝えておけば、本人も余計なことで悩まないで済んだはずです。

正直は最善の策とはそういうことです。


子どもの将来の進路についても、正直に保護者の希望を言ってもいいのではないでしょうか。

たとえば、「将来は自分たちの老後の面倒を見てほしい。だからお給料をたくさん稼げる仕事に就いてほしい」と思っているなら、率直に言ってもいいのです。

子どもとしても薄々わかっているかもしれませんが、はっきりと言われたほうが話が前に進みます。

正直であるべき、というのは学校の先生方や塾教師との関係においてもいえます。

医師が患者に「余命3か月です」ときちんと宣告しないといけないように、先生方や塾教師は保護者に、「おたくのお子さんは学力が合格ラインに達していないので、この学校には受かりません」と正直に言ったほうがいい。

特に、学校の先生方ははっきりと言わない傾向にあります。「君は学力が足りない」などと言えば、補習を実施するなどしてその子の面倒を見なければならなくなるからです。

保護者も、学校や塾に対して、正直に要望を伝えないことが多いと思います。

たとえば、子どもを塾に入れたのに、成績がなかなか上がらなかったとします。そんなときに塾に文句を言う保護者はあまりいません。

「変なクレームを付けたら、うちの子が先生にマークされてしまうのではないか」などと勘ぐって、はっきり言えずに悩んでしまう。


でもそれは間違った考え方です。塾は成績を上げるために行くところですから、成績が上がらなければクレームを付けるのは当然です。だから堂々と言えばいいのです。

「高いお金を払って塾に通わせているのに成績が上がりません。ちゃんと成績を上げてください」と。


むしろ塾のほうとしても、クレームはありがたいことです。クレームでしか問題に気づかないこともあるからです。


クレームではありませんが、私は保護者の方に自分の考えをはっきりと言われて、ハッとしたことがあります。

「私たち夫婦は高卒です。

大卒じゃなかったことで、人生のなかでさんざん割を食ってきました。

子どもにはいい大学を卒業してもらいたいんです。

だから先生、ぜひ我が子を合格させてください」

自分たちの個人情報をさらしてまでの率直な思いを聞かされて、私はあらためて気合いが入りました。

塾や学校にどう思われるかを気にするのではなく、**自分の子どものことを第一に考えて、正直に自分たちの思いや意見を伝える**ようにしましょう。

POINT

自分の子どものことを第一に考える。保護者の希望を正直に言うことで、それが最善の策となる。

26 子に生き方を強制する

小学生の保護者面談で、「お子さんに将来どんな職業に就いてほしいですか？」と聞くと、大抵の保護者は、「子どもの自主性に任せています」「好きな仕事に就いてくれればいい」などと答えられます。

果たして本当にそれでいいのでしょうか。

保護者として就いてほしい職業、就いてほしくない職業、子どもには向いていないと思う職業もあるのではないでしょうか。

そうであるならば、率直にそのことを伝えて、**将来への道筋を明確に示してあげたほうがいい**のです。

少々きつい言葉を使えば、教育とはある種の「強制」です。

先を行く者が後から来る者に対して、何かを強いること、つまり強制することです。

食事中のマナーや鉛筆の持ち方、玄関で靴をそろえること、人に会ったときには挨拶をすることなど、日常で必要な生活習慣は、子どもに強制して教え込んでいくのが普通です。子どもの自主性に任せて放置していても、これらの生活習慣は決して身につくものではありません。将来の目標は生活習慣とは異なりますが、やはり放置しておけばとんでもない方向に行くのは必至です。

大学卒業間近の就職活動の段階になってからいきなり、大学教育と関連が薄い「声優になりたい」「お笑い芸人になりたい」などと言い出しかねません。あるいは、「将来やりたいことがない」といつまでも迷っている子どももいます。

そうならないためにも、早い段階から、将来就くべき職業を明確に示してあげたほうがいいのです。

たとえば、「お父さんは医者なんだから、あなたも将来家を継ぐために医者になりなさい」「お父さんの会社を手伝うために会計士になりなさい」といったように。

そこまで明確に希望がない場合でも、ある程度の道筋は示してあげたほうがいいでしょう。「あなたは理系の分野に才能があるんだから、科学者を目指すべきよ」など。

そうすることで、子どもが素直にその道を目指してくれれば保護者としてはうれしいですし、進学先や勉強の進め方も自ずと定まってきます。子どもにとっても目標が明確になるのはいいことです。

では、子どもが保護者の意見に反発した場合はどうでしょうか。

それはそれでまったく問題ありません。**反発するということは、自分なりの意見を持っているということ**です。

子どもだって反発する以上、「いや、オレは医者じゃなくて弁護士になりたい」「私は科学者じゃなくて経営者になりたい」というふうに、何らかの代案を出してくるはずです。

その代案に対して保護者としてどう反応するかは、家庭の方針によるでしょう。「絶対に家を継がせる」というご家庭は、再度説得を試みればいいし、そこまで反対しないのであれば、子どもの意見を尊重して応援に回ればいいのです。

子どもの将来の目標が明確になったら、保護者のやるべきことは「バックアップ」です。

たとえば、医学部を目指すなら、学校選びを手伝ったり、勉強の相談に乗ったりしてあげてください。「お父さんの知り合いが医者をやっているから、今度その病院を見に行こうか」などと、将来の職業を具体的にイメージさせる機会をつくるのもいいでしょう。

親子で協同作業をすることで、将来の夢に近づいていくことができます。


職業以前の問題として、子どもの進路についてまず決めたほうがいいことがあります。

それは「首から下で生きるのか、首から上で生きるのか」ということです。

エジソンは、「首から下で稼げるのは1日数ドルだが、首から上を働かせれば無限の富を生み出せる」と言ったそうです。

首から下で稼ぐということはつまり、肉体労働、ブルーカラーです。首から上で稼ぐということは、頭脳労働、ホワイトカラーです。子どもがどちらの職に就くかは、家庭としてのアイデンティティの問題でもあります。

どちらが良い悪いということではありませんが、子どもにどちらを目指してほしいのかは、早い段階からはっきりさせたほうがいいでしょう。

POINT

教育とはある種の「強制」。将来への道筋を明確に示す。反発は、自分の意見を持っていることでむしろいいこと。

27 学習環境をよくする

「孟母三遷」という故事があります。昔の中国の思想家・孟子の母親が、孟子の学習環境をよくするために三度も引っ越しをしたエピソードに由来します。

私はこの孟子の母親に大いに共感を覚えます。すでに説明した通り、**子どもの学力は生まれ持った能力ではなく、環境で決まってくる**からです。

ですから子どもの教育のためなら、孟子の母のようにいい環境を追い求めて何度も引っ越ししてもいい。それが保護者の役目だと思います。

具体的に「学習環境をよくする」とはどういうことでしょうか。いくつかの視点がありますが、まずは、マイナス面があればそれを排除してあげることです。

最も大きなマイナスの環境といえば、イジメです。

長年教育に携わっていて感じることは、イジメは大人が思っている以上に広範囲に子どもの世界に存在しているということです。学力の高さには関係なく、どの学校でもイジメは起こり、どんな子でもイジメに遭う可能性があります。

イジメの兆候は、子どもをよく見ていればすぐにわかります。

たとえば子どもが突然、「学校に行きたくない」と言い出したとか、学校に行っているはずが公園で遊んでいたとか、そういう言動が見られるようになったら、それはイジメが原因と考えるべきです。

そんなときに子どもに聞いても、決して「イジメられている」とは答えてくれません。いくら問い詰めても子ども自身は隠し通すのが普通です。

そこで見逃してしまっては問題解決できないので、保護者が出ていくしかありません。学校に行って先生に状況を聞く必要があります。時には1人だけで授業を参観してもいい。大騒ぎをしないといけないのです。

学校に相談しても、らちが明かないときがあります。学校には隠蔽体質があるからです。ひどい場合には、学校の先生によるイジメ（パワハラなど）の場合もあります。

改善を求めても、らちが明かないときは、学校を移ることも選択肢の一つです。学校を移るのは手間がかかることですが、放っておいたら子どもが死んでしまう。それくらいの覚悟で環境を変えてあげるべきです。

塾についても、子どもに適していないのなら転塾していいと思います。ただし、塾は子どもに暇な時間を与えないので、イジメは起こりにくい環境といえます。

塾を変わる理由は、学力の問題です。せっかく塾に通わせているのに成績が上がらなかったら意味がない。先生に成績が上がらないことを相談し、それでも効果がなければ転塾も考えるべきです。

もう一つ、マイナスの環境を排除するということでいえば、友だち付き合いです。「朱に交われば赤くなる」といいますが、まさに子どもは友だちから多大な影響を受けます。また、安易なほうに流されるのが子どもの性質です。

友だちがスマホやゲームで遊んでばかりいれば、自分も同じように振る舞うことが当たり前になります。悪い友だちと仲良くなれば非行に走ることもあります。

悪い友だちに引っ張られないためには、保護者が気づいて諭してあげる必要があります。その兆候も子どもの様子をいつも見ていればわかります。

子どもを常に観察するために、高校生くらいになっても、「日曜日の夜は必ず全員で夜ご飯を食べる」とか「門限は8時」などのルールを作り、きちんと守らせるようにしましょう。

住宅の構造も問題です。子どもが学校から帰って自分の部屋に直行できる構造であれば、イジメを見逃すこともあります。玄関から入ってすぐのところに階段のある家は教育にいいとはいえません。

さて、マイナスの環境を排除することについて説明してきましたが、プラスの環境を整えることもぜひやっていただきたいと思います。

具体的には、**子どもが憧れるような人たちを連れてきて、関係を深めさせる**ということです。

親戚の子や近所のお兄さん、お姉さん、もちろん大人でもかまいません。子どもにとってお手本となる人、「格好いいな！」とまねしたくなるような人と対面させ、仲良くさせるのです。

たとえば、子どもが第一希望にしている中学校の出身で、憧れるような大学に通っていて、スポーツも頑張っていて……というお兄さん・お姉さんがいればベストです。生きた模範となって子どもにいい影響を与えてくれるはずです。

親戚の子や近所の人にいなければ家庭教師や、塾でアルバイトをしている大学生がその役割を果たせることもあります。

そういう人を連れてくるのも、保護者の大事な仕事の一つと思ってください。

POINT

子どもの学力は生まれ持った能力ではなく、環境で決まってくるので、いい人との出会いをつくる。

第5章

人の成長に必要なもの

28 生きるために必要な力は、考える力と書く力である

生きるために必要な力は何か。ひと言で言えば「見る力」です。

動物で考えるとよくわかります。動物は、外敵に襲われることはないか、自分の獲物はいないか、常に身の回りを観察する必要に迫られています。状況を見る力がない動物はすぐに、他の動物の餌食になってしまいます。

人間でも周囲の状況をよく観察し、把握することは大切です。危険な状況を避けるという意味でもそうですし、周囲の人と円滑にコミュニケーションを取るという意味でも「見る力」は必要です。

たとえば、仕事において、今自分は何を問われているのか、顧客にどんなことを求められているのか、正確に把握しなければ十分な成果を出すことはできないでしょう。

子どもも同じです。テストを受けていて、「この問題は何を問うているのか?」「どうい

う答えを求めているのか？」がわからなければ、まったく的外れな解答をしてしまいます。引っ掛け問題も読み取る必要があります。

テストで正答を得るためには「見る力」が必要になるわけです。

「見る力」の次に必要なのは、**「考える力」**と**「書く力」**です。特に、入試においてはこの二つの力が欠かせません。

「考える力」の必要性は、東大の入試によく表れています。

東大入試の数学では、満点の半分、得点できれば合格ラインです。半分解ければ合格ということは、裏を返せば1問1問が非常に複雑で難しいということです。

さまざまな角度から、論理的に、粘り強く、深く「考える力」がなければ、難解な数学の問題は解けません。

もう一つは「書く力」です。たとえば大阪大学入試の英語では、こんな問題が出ました。

「次の言葉を英語でそれぞれ50語以内で説明せよ。『すだれ』『銭湯』『こたつ』」

海外にはない日本の文化を英語で伝えるという問題です。

ただし「銭湯」を「public bath」などと訳してしまったら、50語になりません。もう少し詳しい記述が求められているのです。

つまり、「銭湯とは公共の浴場のこと。風呂がない住宅が多かった時代には、日本各地に多くの銭湯が存在し、地域住民の情報交換の場でもあった」というようなことを英語に訳して説明する必要があります。

つまり、和文和訳してから、和文英訳しなければなりません。これは、単に言葉の意味を知っているだけではできないし、英語ができる帰国子女にとっても難しい。日本語と英語両方の力を持っていなければ正解を導き出せません。

これが受験で求められる「書く力」です。

では、「考える力」「書く力」をどう鍛えていけばいいか。

「考える力」については、普段から考える訓練をすることが効果的です。

子どもと一緒にテレビのニュースを見ることもあるでしょう。そのときに、「なぜ」という質問を子どもに投げかけてみてください。

「なぜ、アメリカはあの国を攻撃しているのだと思う?」

「悪いことしたからでしょ」

「じゃあ、どんな悪いことをしたか知っている?」

というように、質問形式による対話を行うことで、子どもの考える力を鍛えることができます。考えるだけでなく、考え抜くことができれば最高です。


「書く力」を鍛えるには、文章を書く経験を重ねることです。

「うちの子は本を読むのが好きです」という保護者はたくさんいますが、「うちの子は文章を書くのが好きです」という保護者はほとんどいません。

短くてもいいので、普段からたくさん作文を書く機会を与えてあげてください。

前述した「いりたまご」の手法を使えばすぐに文章を書き始められるので、ぜひ活用してください。天声人語などを読んで、それに対する意見を「いりたまご」で書く、といった訓練は簡単にできて非常に効果的です。

POINT
考える力は、普段から考える訓練をすることで養われ、書く力は、文章を書く経験を重ねることで鍛えられる。

29 挫折は人生の薬である

子どもが大人になって社会に出るまでに、挫折する経験を積ませることは大切です。挫折すれば落ち込みますし、悔しく惨めな思いをすることもあります。しかし、**挫折のなかからこそ、成功へのヒントを見つけることができます。**目の前が真っ暗になるような挫折をし、そこでくじけることなく立ち直るという経験をした子どもは、その後大きく成長することができます。**へこたれない粘り強さや、成功へと向かうチャレンジ精神が鍛えられる**のです。

一方、小さい頃から挫折を知らずに育ってしまった子どもは、心に耐性ができていません。その状態で大人になってから挫折に直面すると、「人生終わった」とばかりに絶望してしまうこともあります。

私の教え子ではありませんが、知っている女の子の話です。彼女は小さい頃から非常に成績優秀で、名門高校から危なげなく有名大学に進みました。

大学でもきちんと勉強していたのですが、3年生のときの就職活動で挫折を味わいます。多くの会社にエントリーシートを提出したものの、ことごとく落とされてしまったのです。

これまで順調に生きてきた自分の人生を、否定されたような気持ちになってしまったのでしょうか。就職活動の失敗を悔やんで彼女は自死を選びました。

もし彼女が、子どもの頃から挫折と復活を重ねていたら、そんな悲しい出来事は起きなかったかもしれません。

そのような悲劇を味わわせないためにも、小さいうちから挫折に慣れておくことが大切なのです。

子どもに挫折を経験させるためには、数多くのチャレンジをさせることです。

その機会としてちょうどいいのが、受験です。特に小学生の段階で中学受験をして、チャレンジ受験を経験しておくのがいい。

中学受験で不合格になれば、どんな子どもでも泣いて落ち込み、挫折感を味わいます。ろくに勉強もせずに受験に挑戦したような子でも泣くのです。

この泣いて落ち込む経験が子どもを強くしてくれます。挫折に慣れるだけでなく、「次の高校受験では頑張りたい」という前向きな気持ちも養えます。

保護者としても、「願っても叶わない夢はある」「現実は厳しい」ということを教えるいい機会になります。

受験以外では、なかなかこのような大きな失敗や挫折感を味わえる機会がありません。受験では、自分の偏差値よりも少し高いレベルの学校にチャレンジするべきでしょう。落ちる可能性が高いわけですから、それは勇気がいることです。自ら傷つきにいくようなものです。

しかし、勇気を持ってチャレンジしなければ成功も失敗もないのですから、試してみる価値はあります。チャレンジの結果、失敗したとしても、そこから得ることはたくさんあります。

最近では保護者も「子どもが落ち込む姿は見たくない」とばかりに、安全な道を選ばせることが多い気がします。それは逆に子どもの生きる力を奪ってしまいます。**我が子が可愛いなら、どんどん失敗させるべきでしょう。**

受験以外でも、**子どもには常日頃からチャレンジすることが当たり前に思えるような、そんな習慣をつけさせることが大切**です。

チャレンジと失敗が当たり前になれば、少しの失敗なんて成功への過程の一つにすぎないとわかるようになり、必要以上に落ち込まない強い心が養えます。

失敗した後のフォローは、やりすぎはよくありません。赤ちゃんにするように膝の上で頭をなでながら慰めるようでは、子どもの自然治癒力が養われません。

落ち込んでいる子どもにひと言ふた言声をかけたら、後は様子をうかがいながらそっとしておくなどして、自分で立ち直るのを見守ってあげてください。

前述した「耳は二つ、口は一つ」で本人の気持ちに耳を傾けつつ、次の成功に向けて具体的にどのような行動をとるべきか、一緒に考えてあげるのもいいかもしれません。

子どもたちは、ハングリー精神、チャレンジ精神が育ちにくい時代を生きています。積極的にチャレンジさせ、失敗経験を積ませることが、いつの時代にも必要なことなのです。

POINT

子どもにどんどん失敗させて、挫折を経験させると、粘り強さや成功へと向かうチャレンジ精神が鍛えられる。

30 感受性や対話が不足している

子どもも大人も関係なく、**現代人に不足しているのが「感受性」や「対話」**です。

道ばたに花が咲いていたら「きれいだな」と感じる心、友人が不幸な目に遭ったら同情して一緒に泣く心、そういったものが感受性です。外からの情報を受け止めて、感情を抱く能力のことを指します。

犬や猫にも感受性はありますが、人間ほど鋭くありません。感受性は人間が持つ優れた能力であり、人間にとって最も大事なものといえます。

感受性の強さは、学力や仕事の能力につながります。

たとえば、自分の部屋が散らかっていて汚い状態のとき、どう感じるでしょうか。

感受性の弱い人は、毎日見ている光景ですから何も感じません。

一方、感受性の強い人は、「部屋が汚いな……これじゃあ勉強に集中できないし、物を踏んづけて家族がケガをするかもしれないから片付けよう」となるはずです。

つまり感受性が強ければ、「部屋が汚い↓いろいろな問題がある↓片付ける」という一連の流れを自発的につくることができます。それができれば勉強においても仕事においても「感じ取る↓問題意識↓実行」というサイクルを実行できます。

ですから、子どもが小さいうちから感受性を育てる教育をしてあげましょう。

感受性をいかに育てるかは、やはり保護者の影響によるところが大きいといえます。まずは保護者が、**普段から感受性豊かな言動をする**ということです。

子どもと一緒に近所を散歩しているときに、花が咲いていたら立ち止まって、「きれいな花が咲いているね。なんていう花なのか帰ったら調べてみようか」などと話しかけてみる。あるいは夜、「今日の月を見た？　きれいな満月だったよ」と話してみる。

そんな言葉を子どもに投げかけるだけでも、四季の変化や自然への観察眼を養わせ、感受性を育てることになります。

感受性を高めることによって、子どもの内面世界が育まれ、物事をじっくりと考えられる人間になります。

感受性と同じように、現代の人々に欠けているのが友人や家族との「対話」です。「友だちとは学校で話をするし、ＬＩＮＥの友だちは１００人もいる」、そんな子どもでも対話はできていません。それは単に、挨拶やおしゃべり、打ち合わせをしているだけ。

では、**対話とは何なのかというと、「共感」です。**

自分と相手がいて、自分は相手のことをよくわかっていて、相手も自分のことをよく理解してくれている。自分が「悲しい」と言えば、相手はどんな悲しみか正確に理解する。自分が「嬉しい」と言えば、相手も一緒に喜んでくれる。

お互いが相手と深いコミュニケーションをすることによって生まれる共感をベースに行われるのが、対話です。そして、この対話をしっかりできる相手こそが、本当の友人です。

対話も友人も、この世の中ではほとんど失われている存在といえるでしょう。

アフリカのケニアに行き、見渡す限りのサバンナの荒野に立ったことがあります。何キロ先までも見える雄大な景色でした。

ふと気づくと、その景色の向こうから、１人歩いてくる人がいました。その人が近くまで来たときに、運転手に「何をしているのか」と質問してもらいました。

するとその人は、「友人に会いに行くんだ」と教えてくれました。1日かけて歩いてきたそうです。現代の人々が失っている友情、人間関係の大切さを日の当たりにしたような気がしました。

今の世の中、人情紙のごとしで、人々の心は薄情になっています。金権主義がはびこり、損得勘定で物事を考えます。友人に会うためだけに、何十キロもの道のりを歩いていく人はいません。

ケニアのサバンナには損得勘定はありませんでした。友人や家族が最も大切なものなのです。だから何十キロもの道のりを歩くのも苦ではありません。

私たちが生きているのはケニアではありませんから、彼らと同じように考えることはできないかもしれません。

しかし、せめて友人や家族との間では損得勘定は忘れて、感受性、共感力を持ってコミュニケーションを取りたいものです。

POINT

会話はできるけど、対話のできない子どもが多い。対話とは共感。感受性が強くなると、学力につながる。

31

考え抜いて答えを出す

現代の人は大人も子どもも、深く考えることをあまりしていません。

たとえば、一つの問題について、10分以上じっくり考えるといったことは、テストの問題以外ではあまりないのではないでしょうか。

現代の人が考えることをあまりしなくなったのは、インターネットの影響が大きいと思います。

インターネットで検索すれば、瞬時に答えが得られるからです。答えが世の中にあふれているということです。検索したり、人に聞いたりして方法を知って、まねる。それだけで大抵のことはできる世の中になっています。

人をまねることは確かに大切です。文章でも書道でも、最初はお手本をまねることから始まります。

しかしそれは、基本を習得するためにまねているのであって、基本を覚えた後は自分なりに考えて、独自性を出すことが本来は大切であるはず。

そのためにはまねているだけではダメで、自分の頭で考えることが必要になってきます。**考えに考えて、考え抜いて答えを出す。そういった経験が子どもには必要**なのです。

考えるといっても、「どうしよう」「でも、やっぱり……」と悩んでいるだけでは単なる堂々巡りです。そうではなく、答えに向かって建設的に考えることが大切です。

建設的に考える際に重要なのは、シンプルにとらえることです。

現実の問題は一つしかないということはなく、複数存在しています。

そのなかでも最も上位にある問題について、いろいろな角度から考えて結論を出します。そうすると、下位にある問題についても自ずと解決の道筋が見えてきます。

優先順位や階層をはっきりさせてから問題に取り組むことが、よりよい答えを導き出すためのポイントです。

物事を考える訓練として有効なのは、いろいろな問題を「パースペクティブ」でとらえることです。

私の塾の問題集にも「パースペクティブ」というタイトルを付けたくらい、私はこの言葉を非常に大切にしています。

パースペクティブは一般には「遠近法」「透視図」と訳されますが、私なりの訳語は「時間的視野」です。つまり、**「時間」が経つにつれて変化していく「視野」をとらえる**、という意味合いです。

言い換えれば、全体を俯瞰的にとらえ、最終的な目標に向かって一つひとつの問題に取り組んでいくという、「計画力」です。

受験における勉強計画（カリキュラム）は普通、塾が立てるので、子どもはそれに沿って勉強するだけ、保護者も何も言わないということになってしまいがちです。

塾は蓄積したノウハウを生かして最善の計画を提供しているわけですし、勉強する子どももそれを利用すればいいのですが、計画を人任せにしていることが子どもの主体性を奪っている側面があることも確かです。

本来は保護者と子が一緒になって、受験に向けたプロセスを明らかにして、どの時期までに何をやるか、計画を立てることが大切です。計画を人任せにしてしまうことは、口を開けて待っているひな鳥と同じで、主体性がありません。

時間的視野を持って計画を組み立てることは、計画表として表せるだけでなく、頭のなかで透視図を描くことになります。**頭のなかに透視図を描きながら勉強を進めていける子は、考える力が身についている証拠であり、受験においても存分に力を発揮できる**傾向にあります。

時間的視野を養うものとしておすすめなのは、たとえば将棋です。

将棋は、守りを固めながら、タイミングよく攻めていくことが求められるゲームです。盤面全体を広い視野で見るのと同時に、時間的視野で戦局を見極め、相手の動きを10手も20手も先読みしながら、自分の差す手を選んでいきます。

頭のなかで透視図を描く訓練につながり、勉強にとってもプラスになることは多いはずです。

POINT

考えに考えて、考え抜いて答えを出す。それは、時間が経つにつれて変化していく視野をとらえること。

32

勉強する意味を教える

人はなぜ勉強しなければならないのか。

これは、子どもなら誰でも一度は思い浮かべる疑問かもしれません。子どもにそう聞かれて返答に困った人もいるでしょう。

「なぜ勉強しなければならないのか」という問いに答えるには、現実的な話をするのが一番です。

その答えは、ひと言で言えば「経済的に自立するため」です。

お金をどれだけ稼ぐのが幸せなのかは人それぞれですが、せめて誰にも迷惑をかけることなく経済的に自立する必要があります。

将来なりたい職業を聞くと、たとえば「アイドルになりたい」などと突飛なことを言う子どもは多くいます。そういう子どもには、はっきりと事実を伝えてあげないといけません。

「アイドルになるといっても、簡単じゃないよ。容姿がよくて、歌やダンスもうまいのに、まったく人気の出ないアイドルだってたくさんいるよ。力のあるプロダクションに所属できなければ注目されないし、給料だってごくわずかで、アルバイト生活している人も多いんだよ……」などと具体的に説明する。

あるいは「高校も卒業しなかったら、アルバイトで雇ってくれるところも少ないよ。安い給料で働くしかなくなって、結婚して子どもを持つなんてできないかもしれない」と現実を突きつけるしかない。多少誇張してでも言ってあげることが大事です。

そういった事実は「なんで勉強しなければいけないの？」と聞いてきた子どもも、本当はわかっている場合が多いのです。わかっているけれど、あえて聞いています。大人の意見を聞いて確かめたいという思いがあるのでしょう。

ですから、事実を説明してあげればきちんと理解してくれるはずです。

「なぜ勉強しなければならないか」という問いには、私なりにもう一つの答えがあります。

その答えを示す前に、**「人間は何のために生きるのか」**を考えてみましょう。

人間は何のために生きるかというと、生活のため、お金のため、自己実現のため……人それぞれいろいろな答えを持っているはずですが、私は「人間関係」にその答えがあると思っています。

誰だって、家族や友人といった大切な人がいます。その人たちとはいわば赤い糸で結ばれています。この糸をより太くする作業こそが、人間の生きる意味ではないかと私は思うのです。

そのことが直接、勉強する意味とつながってくるわけではありませんが、間接的には関係があります。

勉強をすることで、さまざまな知識が蓄積されますよね。また、自分の頭で深く考える力が身につきます。

自分の愛する家族や友人が喜ぶことをしてあげたい、困っているときに助けてあげたいと思ったときに、そういった知識や力が役に立ちます。家族が直面した難しい問題に対して、専門的な本や資料を参照して正しいアドバイスを送る、といったこともできるようになります。

社会に出て生きていくとき、ほとんどの悩みは他人との関係に起因するものですし、多くの喜びも他人との関係によってもたらされます。人間関係を良好にすることは、人生を豊かにする大きなポイントです。

勉強をすることが、家族や友人などとの人間関係を深くすることにつながり、それがひいては生きる喜びにつながる。そういった説明を子どもにしてみるのもいいのではないでしょうか。

人間の生きる目的を追い求めるためにも、勉強は欠かせないといえるのです。

POINT

「なぜ勉強しなければならないか」と、「人間は何のために生きるのか」はつながっている。

33 考える力、書く力につながる読書

「うちの子は読書がとても好きなんですよ」

と、自慢するかのようにおっしゃるお母さんはたくさんいます。

文章を読むということは勉強の基礎になりますから、本だって読まないよりも読んだほうがいいことには間違いありません。

ただ、世の中でいわれているほど、読書が勉強のためになるのかと問われると、私は少々疑問に感じます。

私は幼少の頃、あまり本を読む子どもではありませんでした。熱心に読むようになったのは小学6年生くらいからだったかと思います。松本清張、高木彬光《あきみつ》、江戸川乱歩などの推理小説を主に読んでいました。

特に好きだったのは松本清張です。社会悪をえぐり出すような硬派な作品が多く、子ど

もが好んで読むような内容ではありません。でも止められることはなかったので、自由に読むことができました。

ですから子どもの頃に読書をたくさんしていた時期はあったのですが、それが結果的に勉強に役立ったかというと、自信はありません。

今振り返れば、話の筋を追ってハラハラドキドキしながら楽しんでいただけではなかったたか、そんな気もしてしまうからです。

子どもが好んでする読書は、小説や物語などのストーリーものが大半です。話の展開が面白いので夢中になって読んでしまいますが、それは結局、テレビを見ているのとあまり変わりませんよね。

作り手がつくったストーリーを、受け身になってなぞっているだけだからです。

テレビは受動的、本は能動的なメディアという意見もありますが、果たしてそうでしょうか。

読んでいる途中に本を閉じて、主人公の心情をじっくりと考えてみる……などということをする人は少ないのではないでしょうか。結局、本も受動的に読んでしまうことが多いのです。

人間にとって大切な「生きるために必要な力」とは、「考える力」と「書く力」でしたね。「読む力」はそれらの力を支える基礎の部分でしかありません。

小説などを夢中になって読むだけでは「考える力」「書く力」にはつながりません。

そこで私がおすすめしたいのは、**作家の立場になって読書をすること**です。小説を読む際も、小説家がどのようなことを伝えたいのか、どんな背景があって物語を書いているのか、考えながら読むことです。

その場合、同じ作家の作品をいくつも読んだほうが、背景をより思い浮かべやすくなると思います。作家の視点で本を読むことは、「考える力」につながるといえるでしょう。

また、資料としての読書を行うこともおすすめします。

私は最近では、歴史書をよく読んでいます。歴史上の人物について解説した資料や学問書です。歴史を知れば、現代にも生かせるさまざまな知恵を得ることができます。

この場合、本を読むだけでなく、テレビを見て情報を得ることもあります。つまり歴史が好きな場合、その知識を得るための手段として活字や映像を利用しているということです。とりわけ、Eテレの日本史関連の番組は面白いですよ。

特定のジャンルに興味を持ち、自分なりに探求するということは、「考える力」を養うのに役立ちます。

他の子どもとは違った、オリジナリティある考え方ができるようにもなり、それは「書く力」にも生かされていくのです。

POINT

作家の立場になって本を読むことで、考える力、書く力につながっていく。

34 100回失敗しても、101回目で成功すればいい

古い考えといわれるかもしれませんが、何事にも根気や根性が大切です。勉強でも社会に出ても、結局のところ根気や根性がなければ何事も成し遂げることはできません。

中途半端に仕事をするのと、最後まで諦めることなく粘り強く仕事をするのでは、成果物の完成度は大きく違ってくるはずです。

しかし残念ながら、多くの子どもには根気や根性が不足しています。すぐに諦めてしまう子が多いのです。

その理由は、いろいろなことに手を出しすぎているからかもしれません。

たとえば習い事やスポーツを、1人で4つも5つも掛け持ちしている子はいます。幅広いことに興味を持つのはいいことですが、力をかけるところが分散してしまうと、どれも

中途半端なレベルにしかなりません。

せっかく習い事をしていても、得意分野と呼べるくらいまで上達しないのであれば、本人の自信につながらない場合もあります。

それならば習い事の数を絞って、一つのことに徹底的に取り組ませたほうが、上達しやすくなります。

他の子よりも一歩秀でた特技を身につけることになり、自信が育まれます。その過程で根気や根性も育まれていきます。

何かを極めようと思ったら、その他の余計なことは省いて一点に集中することが大事なのです。「選択と集中」です。


根気や根性を育むには、簡単には諦めないように指導してあげることが大切です。

一昔前に「101回目のプロポーズ」というドラマがありましたが、私はこのドラマのタイトルを引き合いに出して、教師や生徒によく言います。

「1回や2回失敗したからといって、それは失敗のうちに入らない。100回失敗してもいい。101回目で成功すればいいんだ。101回やるまでは諦めるな」

そして、たとえば作文に何度もダメ出しし、やり直しをさせます。

今の世の中は不親切ですから、ダメなことをダメとはっきり言ってくれる人はなかなかいません。**ダメなことをダメときちんと言い、できるまで何度もやり直しをさせる。**これが子どもの根気を養うことになります。

野球の千本ノックと同じです。何本も何本も同じようなコースに厳しい球を打ってもらい、それを懸命にキャッチしようとする。最初のうちはまったく手が届かなくても、次第に惜しいところまで届くようになる。そして、ついにはグローブに収めることができるようになる。

勉強でも同じように、何度も何度もチャレンジして失敗を繰り返し、それでもめげずにチャレンジするというガッツが大切です。

根性論で語るのはスマートではないのかもしれませんが、残念ながら勉強の本質はそういうところにあります。

50年近く教育に携わってきて思うのは、勉強に近道はないということです。

受験勉強のテクニックはいろいろありますが、基本は地道にやること。一歩進んで二歩下がりながら、コツコツと前に進んでいくしかありません。
逆にいえば、諦めずに取り組みを続ければ必ず道が開けるのですから、難しく考える必要はないのかもしれません。

POINT
勉強に近道はない。根気や根性を育むには、簡単には諦めないように指導してあげること。

35 生きがいを感じるために、専門性を獲得する

子どもはいずれ社会に出て、仕事に就くことになります。

どのような職業を選ぶにせよ、**大切なことは、仕事をしていて生きがいを感じること**ではないでしょうか。

では、生きがいを感じる、幸せだと思うのはどんなときか。その答えは人それぞれですが、一つ言えるのは、**どんな分野でもいいので専門性を獲得することが大事**ということです。

たとえば、ペットトリマーでも、ラーメン屋さんでも何でもいい。特定の分野で努力を重ね、その結果として自分が誰にも負けない、日本一と思えるほどの高い技術や知識、実績を身につける。

そうすることで顧客に高い価値を提供し、顧客から「あの人はすごい」「あの人にしか

この仕事は任せられない」と言われれば、それは仕事人としてうれしいことですよね。

子どもたちに将来の進路について話すときにも、よく言って聞かせています。

「どんな仕事でもいいけれど、自分が興味を持って専門性を追求していけるような仕事を選べよ。そして10年、20年の地道な努力の末にトップの高みに行くんだよ」と。

私の教え子にも、生きがいを獲得することに成功した子は何人もいます。

ある子は東大法学部を卒業後、私の尊敬する先生が運営する塾に就職しました。その塾は生徒100人くらいの小規模な塾です。

東大法学部卒ですから、大企業に就職したり官僚になったりする道もあったはずです。しかし彼は、「大企業に勤めるよりもここに来ることが、自分の幸せにつながると思いました」と語っていました。

一橋大学に行った後、「鼓童」という新潟県の佐渡島を本拠地とする和太鼓集団に入った子もいました。

学生時代からドラムをやっていましたから、もともと音楽方面への興味が高かったのでしょう。彼は進路に迷っているときに和太鼓と出合い、自分の将来を決めました。

彼もまた収入の高い仕事に就くチャンスはありましたが、それよりも、自分が本気になって打ち込める道を選びました。「自分が求めていたものにやっと出合えた」と語ってくれたのが印象的です。

給料の多寡は関係なく、一生を捧げて悔いがないと思える仕事に出合い、その道を突き進むことが、仕事人生の幸せを決めるのだと思います。

仕事で専門分野を獲得するためには、奇をてらったことをする必要はありません。たとえばラーメン屋さんならば、今までにない独特なラーメンを開発することも専門性の獲得といえるかもしれませんが、それがお客さんに受けるとは限りません。

お客さんに受けるラーメンの条件はごくシンプルです。安くてうまいこと。これに尽きます。

したがってラーメン屋を開くとなったら、誰が食べてもうまいラーメンを作ることに心血を注げばいいわけです。研究に研究を重ね、失敗しても挑戦を繰り返し、少しずつ味を高めていくことです。

問題は、それを本当に実行できるかどうかにあります。多くのラーメン屋さんは途中で諦める、あるいは、経営規模など他に目が行ってしまうのではないでしょうか。

それを実行するには、粘り強さや探求心、知的好奇心、誠実さ、計画力などが求められます。それらはすべて、学生時代に養える力です。

だからこそ、**若いときに命を懸けて何かに打ち込むことが大切**です。そうすることで人間としての総合力が鍛えられます。

子ども時代に鍛えた能力は、いずれ仕事で専門性を獲得するうえで必ず役立つことになるのです。

POINT

どんな分野でもいいので専門性を獲得することが大事。大切なことは若いときに命を懸けて何かに打ち込むこと。

第6章

時間を支配する

36 スケジュール力をつける

「小人閑居して不善を為す」という言葉があります。

つまらない人間ほど、暇な時間があるとろくでもないことをする、という意味です。大人でも、休日にやることがないからといって、パチンコに行ったり麻雀をやったり、つまらないことに時間とお金を使ってしまう人がいます。

子どもも同様です。子どもは暇な時間ができると何をしているのでしょうか。保護者が理想とするように、読書に熱中したり、自発的に勉強したりする子は多くありません。

だいたいは、部屋で漫画を読んだりテレビを見たりして過ごします。友だちと遊びに行くというので、外で体を動かしているならいいかなと思ったら、ベンチに座って黙々とゲームをやっているだけということも。まさに「不善を為す」です。

そうさせないためには、**保護者が子どものスケジュールを決めてしまえばいい**のです。

保護者が勝手にスケジュールを入れると子どもの自主性が育たない、という人もいますが、そんなことはありません。いくら予定を詰め込んだとしても、すき間時間は生まれますから、その時間は子どもの自由にさせてあげましょう。

すき間の時間しか与えられないと、「この大切な時間に何をやろうか」と自分で考えるようになります。**忙しい毎日を過ごすなかで、スケジュール力、タイムマネジメント力が養われる**のです。

スケジュール力は、子どもがこれから進学し、社会に出ていくうえで必須のスキルです。受験で、合否を分ける最も大きな要素は勉強量（時間）です。結局トータルで何時間勉強したかで、合格か不合格かが決まります。

正確には「勉強量×密度（質）」なので、密度を上げることも大切なのですが、それはなかなか難しい。量を増やすだけなら工夫せずにできるし、確実に効果が上がります。

子どもたちからも保護者からも、「勉強にあまり時間をかけずに要領よくやって合格する方法はありませんか？」と聞かれることがあります。

そんな方法があったら教えてほしいものです。勉強量を確保せずに合格することなどあり得ないと断言できます。

入試で合格するなら、まず勉強量を確保することが大事。そしてそのためには、スケジュール力が欠かせないのです。もちろん子どもがスケジュール管理をできるわけではないので、保護者がリードしてスケジュール作成や進捗管理をサポートしてあげましょう。

受験における年間のスケジュールを考えたときに、一番大事なのは夏休みです。

夏休みではない平日には1日3時間くらいしか勉強時間は取れませんが、夏休みなら1日に12時間は勉強できます。夏休みは40日ほどありますから、合計480時間。つまり夏休みの間に、平日の160日分(約5か月分)の勉強ができる計算です。

ですから、よく聞く「夏を制する者は受験を制す」は事実なのです。夏に勉強の絶対量を確保すれば、勉強量が少なかった子との間には大きな差がつくということです。

夏休みと同時に冬休みも大事です。冬休みも14日くらいありますから、かなりの勉強量を確保できます。それに、入試の時期に近い休みという点でも重要です。ところが、クリスマスと正月という誘惑があり、受験勉強のスケジュールが狂いがちです。

その結果、受験に失敗してしまうケースも多いのです。時間を確保できずに受験に失敗するミスを犯さないためにも、夏休みや冬休みの大切さをきちんと理解させて、1年間のスケジュール作成をサポートしてあげてください。

私は40代で大学院に入ったのですが、そのときに驚いたのは、せっかく大学院に来ても4人に1人くらいしか博士号を取ることができないという事実です。その理由は、スケジュール管理ができないから。博士論文を期限通りに提出できない人が多いのです。最難関大学から来た優秀な大学院生でも、スケジューリングできない人は多数いました。勉強ができるということと、スケジュール力があるということは別なのだと知りました。

ですから子どもに対しても、**小学生のうちから長期的なものの進め方、進捗管理の仕方を教えてあげてください。**

スケジュール力とは目標達成をするスキルです。一度身につければ、勉強に限らずどんな分野でも成果が出せる人材になれます。

POINT

長期的なものの進め方、進捗管理の仕方を教えると、スケジュール力、タイムマネジメント力が養われる。

37 スポーツと趣味に時間を割かない

すでに説明した通り、**学力を付けるためには、絶対量としての時間を確保することが大切です。**

勉強時間を確保しようと思ったら、それ以外の時間を減らさなければならなくなります。睡眠時間は健康のためにもある程度は必要ですし、学校に行く時間は決められている。食事やお風呂といった時間も大幅には短縮できない。

ではどこを減らせばいいかというと、趣味や習い事の時間です。

近頃は保護者の影響か、「僕の趣味は～」などと語る子どももいますが、強烈な違和感を覚えます。

趣味という言葉からは、ほとばしる情熱も、何かを成し遂げたときの感動も感じられません。そもそも趣味は、引退後の高齢者が余生を楽しむためにやるもの。若者がやるようなものではありません。

では若者がすべきことは何かといえば、「恋と革命」です。恋はさておき、革命とは現代でいえば「仕事」、学生ならば「勉強」でしょう。

勉強を第一優先に取り組むのが学生の本分であるはずです。

習い事やクラブ活動についても、よく考える必要があります。

小学生の多くは、ピアノやバイオリン、体操教室、英語教室などの習い事を掛け持ちしています。また、学校や地域のサッカークラブ、野球クラブなどに入っている子もいます。たとえば小学校入学前の体操教室は、「小学校受験のため」と目的がはっきりしていますが、それ以外の習い事・クラブは目的がはっきりしていない場合も多い。

明確な目的があるのでなければ、習い事やクラブ活動は控えめにしたほうがいいでしょう。

特に、サッカーや野球といったスポーツは楽しいので子どもが夢中になります。「もしかして将来プロになれる?」と淡い期待を抱いてしまうこともあります。

しかし実際に、その競技の競技人口のなかから、1年間にプロ選手になれる人の割合を計算してみてください。おそらく0・1％以下でしょう。

しかも、もしプロになれたとしても高額年俸をもらえる保証はどこにもありません。一般のサラリーマンよりも低い報酬で何年も選手生活を続け、不遇のまま引退を迎える例はいくらでもあります。

一方、勉強ならどうでしょうか。たとえば東大には毎年3千人は入学しています。京大、東工大、一橋大、国公立大学医学部も含めれば、同一学年で入学者は1万人以上います。そのなかに滑り込むことを目指すなら、プロスポーツ選手になるよりもずっと成功する確率が高いといえます。

いい大学に入ったからといって、いい人生が約束されているとは限りませんが、少なくとも就職先の選択肢を増やすのには役立ちます。スポーツでプロを目指すよりも、勉強して大学に入ったほうが、努力に対して確実なリターンを得られます。

もし本当にプロスポーツ選手になりたいなら、それこそ勉強も何もかも全部捨てて、競技に打ち込んだほうがいい。そうでないのなら、ある程度のところでやめるか、「あくまでも勉強の合間の息抜きのためにやる」と割り切るべきでしょう。

「そうはいっても、中学校などでは部活が推奨されている」と反論する人もいるでしょう。

確かにその通りですが、そもそも部活には問題があります。

学校がなぜ部活を推奨するかというと、大会などで勝てば実績になり、入学志望者が集まるからです。部活の顧問もまた、実績が残れば自分の評価が上がります。

実績を残すためにどうするかというと、朝も晩も生徒を徹底的にしごけばいい。スポーツも絶対量なのです。それが一歩間違えば大きな事故に発展することになります。

部活中の体罰がよくニュースになりますが、あれなどは氷山の一角でしょう。部活中に体罰が行われても、学校側が把握できないか、把握していても隠蔽する例はあるはずです。

部活には他にもいろいろな問題があります。子どもに部活をやらせるのなら、学校や行政は子どもを守ってくれないという前提に立って、保護者が守ってあげるという覚悟を持たなければなりません。

部活のあり方は、一度立ち止まって見直す時期に来ているのではないでしょうか。

POINT

スポーツでプロを目指すより勉強して大学に入るほうが、努力に対して確実なリターンを得られる。

38 できる大人は継続的な努力で生きている

小学生に「将来なりたい職業は？」と聞くと、男子ならプロスポーツ選手、ゲームクリエイター、医師などの回答が多いようです。女子は、タレント・歌手などの芸能人が常に上位で、その他はケーキ屋さん、保育士、ファッションデザイナー、医師など。

子どもですから可愛いものなのですが、大きくなってからも同じような傾向にあるのは困ったものです。

たとえば大学生にアンケートを取ると、男子ではさすがにプロスポーツ選手は少なくなりますが、音楽関係やマスコミ関係などが就職希望先の上位を占めます。

一方の女子は、まだタレントや声優になりたいという子がいて驚かされます。それ以外にも、局アナ、キャビンアテンダント、音楽関係、マスコミ関係など、きらびやかなイメージの職業を希望する子が多いのです。

私はそういう子たちを称して、「永遠の少年（少女）」と呼んでいます。歌のタイトルにでもありそうな素敵な言葉に思えますが、悪い意味で使っています。

永遠の少年とはつまり、大人になっても頭は子どものままの人のこと。小学生のように「思いつき」「ひらめき」「アイデア」だけで生きている人のことを指しています。

大人はそうじゃありませんよね。継続的に努力をし、問題に突き当たれば長年の英知と経験で対処します。「思いつき」「ひらめき」「アイデア」だけで問題が解決できるほど世の中は甘くないからです。

しかし、最近は大人に近くなってもそれがわからない子が増えています。「オレは自分の感性を大事にしているから」と言ったら格好よさげですが、要は努力をしていないということです。

そして就職という人生を左右する大事な場面に、「永遠の少年」が顔を出してしまい、現実味のない職業を希望してしまうのです。

そのような職業を目指すなと言うわけではありません。現実をきちんと見たほうがいいと言っているのです。

局アナになるには、学歴は当然のことながら容姿が問われます。その水準に達しているのかどうか、冷静に自分を見つめ直す必要があります。

広告代理店やマスコミ関係は局アナに比べれば就職しやすいといえますが、超人気の職種なので狭き門です。採用枠は有名大学出身者だけで埋まります。そうではない大学出身なら、採用される可能性はほぼないのが現実です。

キャビンアテンダントなどは容姿も学力も問われるし、それ以上にコネが幅を利かせているのが実態です。

いずれにしても「永遠の少年」が理想とする仕事は、現実に就ける仕事とはギャップがあります。

人生の大事な時期に「永遠の少年」が顔を出すような子は、小さい頃から現実を保護者に教えられてこなかったのでしょう。

「私はアイドル歌手になりたい」などと子どもが言い出したら、昔の保護者は「何を夢みたいなこと言っているんだ」と諭しましたが、今はそうはしません。本心では無理だと思っていても、「そう、頑張ってみたら……」などと応援してしまう。

これでは子どもはいつまで経っても「永遠の少年」から脱することはできません。

夢があるのはいいことです。ただし、その夢を叶えるためには何が必要で、どう行動すべきか。現実的な道筋を考えてあげたほうがいいのではないでしょうか。

たとえば子どもが「僕は医者になりたい」と言い出したら、「医者になるためには医学部に行かなきゃいけないよ。でも私立に行かせるお金はないから、国立だね。国立大の医学部に入るのは難しいよ。頑張って勉強できるの?」と聞いてみればいい。

そうすれば子どもは悩んだ揚げ句、他の道を探すかもしれませんし、それでも頑張ると覚悟を決めるかもしれません。

夢を奪うようなことはしたくないので難しいところなのですが、永遠の少年のまま大人になって、現実に気づいてから深く傷つくのは本人です。そうならないためにも、早くから現実的な考えを持たせるようにしてあげてください。

POINT

夢を叶えるためには何が必要で、どう行動すべきか。現実的な道筋を考えてあげるのも大事な務め。

おわりに

赤々と燃えるガスストーブ。

それを見ながら、一期生5名と日が暮れるまで話し込みました。
進路のこと。家族のこと。そして勉強の悩み。
大学1年生の私とあまり年の違わない中3生たちでした。
彼らが、この道を歩む決断をさせてくれたことをはっきり覚えています。
思えば幸せな天職との出逢いでした。

それから46年。
何も変わっていません。
夏になれば夏期講習、冬になれば冬期講習。
そして入試本番、合格発表、涙。

生徒諸君の実像と保護者の方々の本音に常に接していたことだけは間違いありません。

必死の46年間でした。

わき目も振らず、生徒諸君のためだけを考えてきました。

振り返れば一部上場企業の誉れを頂き、東京に200以上の校舎を擁する塾があります。

しかし、何も変わっていません。これからも、変わりません。

今般、前に進む以外のすべを知らない私に、来し方をまとめる機会をくださったダイヤモンド社の皆様に厚く御礼を申し上げます。ありがとうございました。

2018年7月

河端真一

［著者］
河端真一（かわばた・しんいち）
法学博士。
京都市生まれ。慶應義塾大学経済学部卒業、一橋大学大学院博士課程修了。元一橋大学客員教授。元経済同友会幹事。
大学入学と同時に学習塾を生徒5人で開き、大学卒業時には生徒1500人を擁する大手塾に成長させる。旺文社ラジオ講座「河端の東大英語」ほか、テレビレギュラー番組2本を担当。1976年株式会社学究社を設立、85年株式上場。当時、東京都最大塾に成長し、自らの授業は「2か月で偏差値が20上がる」と謳われる。現在、株式会社学究社取締役会長兼社長、進学塾「ena」学院長を務める。

3万人を教えてわかった
頭のいい子は「習慣」で育つ

2018年7月18日　第1刷発行

著　者——河端真一
発行所——ダイヤモンド社
〒150-8409　東京都渋谷区神宮前6-12-17
http://www.diamond.co.jp/
電話／03･5778･7232（編集）　03･5778･7240（販売）
装丁————井上新八
本文デザイン—大谷昌稔
製作進行——ダイヤモンド・グラフィック社
印刷————勇進印刷（本文）・加藤文明社（カバー）
製本————本間製本
編集協力——平行男
編集担当——武井康一郎

ISBN 978-4-478-10610-5